AF365957

CATILINA,
TRAGEDIE.

Par M. DE CREBILLON, *de l'Académie Françoise.*

Représentée par les Comédiens ordinaires du Roi pour la premiere fois, le 20 Décembre 1748.

SECONDE EDITION.

Le prix est de trente sols.

A PARIS,

Chez PRAULT fils, à l'entrée du Quay de Conty, à la Charité.

M. DCC. XLIX.

Avec Approbation & Privilége du Roy.

A'

MADAME LA MARQUISE

DE POMPADOUR.

 *ADAME,*

Oser faire paroître CATILINA *sous vos auspices, c'est acquitter un vœu général. Il y a long-tems que le Public vous a dédié de lui-même un Ouvrage qui ne doit le jour qu'à vos bontés : heureux si on l'eût jugé digne de sa Protectrice ! Et, qui ne sait pas les soins que vous avez daigné vous donner pour retirer des ténebres un*

a ij

EPISTRE.

homme absolument oublié? Soins géné-
reux qui ont plus touché que surpris. Que
ne doit-on pas attendre d'une ame telle
que la vôtre? Puisse l'hommage que je
vous rends, MADAME, consacrer
à la postérité la protection que vous ac-
cordez aux talens, & ce monument de
ma reconnoissance.

Je suis avec le plus profond respect,

MADAME,

Votre très-humble & très-obéissant
serviteur.
JOLYOT DE CRE'BILLON.

A C T E U R S.

CATILINA.

CICÉRON, Consul.

CATON.

PROBUS, Grand-Prêtre.

TULLIE, fille de Cicéron.

FULVIE.

LENTULUS.

CRASSUS.

CÉTHÉGUS.

LUCIUS.

SUNNON, Ambassadeur des Gaules.

GONTRAN.

LICTEURS.

La scéne est dans le Temple de Tellus.

CATILINA.

CATILINA,
TRAGÉDIE.

****

ACTE PREMIER.

SCENE PREMIERE.

CATILINA, LENTULUS.

CATILINA.

Esse de t'effrayer du sort qui me
 menace,
Plus j'y vois de périls, plus je me sens
 d'audace ;
Et l'approche du coup qui vous fait tous trembler
Loin de la ralentir, sert à la redoubler.

A

Crois-moi , fois fans détour pour un ami qui t'aime,
Dans le fond de ton cœur je lis mieux que toi-même,
Lentulus , & le mien ne peut voir fans pitié
Ce qu'un ambitieux coûte à ton amitié.
Ce Tyran des Romains , l'amour de la Patrie,
Te trompe , & fe déguife en frayeur pour ma vie.
Eft-ce à moi d'abufer du penchant malheureux
Qui te fait une loi de tout ce que je veux ?
Iffu des Scipions , tu crains qu'à ta mémoire
On ne refufe un jour place dans leur hiftoire ;
Et le rang de Préteur qui te lie au Sénat,
Trouble en un Conjuré le cœur du Magiftrat.
Tu crains pour Rome enfin , voilà ce qui t'arrête ,
Quand tu ne crois ici craindre que pour ma tête :
Va , de trop de remords je te vois combattu ,
Pour te ravir l'honneur d'un retour de vertu.

LENTULUS.

Catilina , laiffons un difcours qui m'offenfe ;
Tes foupçons font toujours trop près de ta prudence :
A force de vouloir approfondir un cœur,
Un faux jour a fouvent produit plus d'une erreur ;
Et les plus éclairés ont peine à s'en défendre ,
Mais un chef de Parti ne doit point s'y méprendre,
D'entre les Conjurés diftingue tes amis ,
Et qu'un difcours fans fard leur foit du moins per-
       mis ;

De toutes les grandeurs qui feront ton partage,
Je ne t'ai demandé que ce seul avantage;
Laisse-m'en donc jouir, mon amitié pour toi
N'a que trop signalé sa constance & sa foi.
Dis-moi, si ta fierté jusque-là peut descendre,
De tant d'excès affreux ce que tu peux prétendre.
Pourquoi faire égorger Nonius cette nuit,
Et de ce meutre enfin quel peut être le fruit?

CATILINA.

Celui d'épouvanter le premier téméraire
Qui de mes volontés secret dépositaire,
Osera comme lui balancer un moment,
Et s'exposer aux tr[...] de mon ressentiment.
Lentulus, dans le fond, doit assez me connoître,
Pour croire que je n'ai sacrifié qu'un traitre,
Et que ces cruautés qui lui font tant d'horreur,
Sont de ma politique, & non pas de mon cœur.
Ce qui semble forfait dans un homme ordinaire,
En un Chef de Parti prend un aspect contraire;
Vertueux ou méchant, au gré de son projet,
Il doit tout rapporter à cet unique objet.
Qu'il soit crû fourbe, ingrat, parjure, impitoya-
    ble,
Il sera toujours grand, s'il est impénétrable:
S'il est prompt à plier, ainsi qu'à tout oser,
Et qu'aux yeux du Public il sache en imposer.

Il doit se conformer aux mœurs de ses complices,
Porter jusqu'à l'excès les vertus & les vices,
Laisser de son renom le soin à ses succès ;
Tel on déteste avant que l'on adore après.
Je ne vois sous mes loix qu'un Parti redoutable,
A qui je dois me rendre encor plus formidable ;
S'il ne se fût rempli que d'hommes vertueux,
Je n'aurois pas de peine à l'être encor plus qu'eux.
Hors Céthégus & toi, dignes de mon estime,
Le reste est un amas élevé dans le crime,
Qu'on ne peut contenir sans les faire trembler,
Et qui n'aiment qu'autant qu'on fait leur ressem-
    bler.
Un Chef autorisé d'une juste puissance,
Soumet tout d'un coup d'œil à son obéissance ;
Mais dès qu'il est armé pour troubler un état,
Il trouve un compagnon dans le moindre soldat ;
Et l'art de le soumettre exige un art suprême,
Plus difficile encor que la victoire même.

LENTULUS.

Songe à les subjuguer sans te rendre odieux.
Mais avant que le jour nous surprenne en ces lieux,
Au Temple de Tellus dis-moi ce qui t'appelle ?
Son Grand Prêtre Probus te sera-t-il fidéle ?
Quoique rien en ce lieu ne borne son pouvoir,
Je ne sai si Probus remplira notre espoir.

Il est vrai qu'à ses soins nous devons cet asyle ;
Dont il nous rend l'accès aussi sûr que facile ;
Mais au nouveau Consul le Grand Prêtre est lié
Par l'intérêt, le sang, l'orgueil, ou l'amitié :
Lorsqu'à des Conjurés ses pareils s'associent,
C'est par des trahisons que tous se justifient.
Aujourd'hui le Sénat doit s'assembler ici ;
Ce n'est pas cependant mon plus cruel souci.
Je crains, je l'avouerai, les fureurs de Ful-
   vie,
Et je crains encor plus ton amour pour Tullie
Fille d'un ennemi dangereux & jaloux,
De Cicéron enfin, l'objet de ton courroux.
Et, comment dans un cœur qu'un si grand soin
   entraîne,
Peux-tu concilier tant d'amour & de haine ?
L'amour pour tes pareils auroit-il des appas ?

CATILINA.

Ah ! Si je le ressens, je n'y succombe pas.
Qu'un grand cœur soit épris d'une amoureuse flam-
   me,
C'est l'ouvrage des sens, non le foible de l'ame :
Mais, dès que par la gloire il peut être excité,
Cette ardeur n'a sur lui qu'un pouvoir limité.
C'est ainsi que le mien est épris de Tullie ;
Ses graces, sa beauté, sa fiere modestie,

Tout m'en plaît, Lentulus ; mais cette paſſion
Eſt moins amour en moi, qu'excès d'ambition.
Malgré tous les objets dont ſon orgueil ſe pare,
Tullie eſt ce que Rome eut jamais de plus rare ;
Je vois, à ſon aſpect, tout un peuple enchanté ;
Et c'eſt de tant d'attraits le ſeul qui m'ait tenté.
Sans la foule des cœurs qui s'empreſſe pour elle,
Tullie à mes regards n'eût point paru ſi belle ;
Mais je n'ai pû ſouffrir que quelque audacieux
Vint m'enlever un bien qu'on croit ſi précieux.
Enfin, je l'ai conquis, &, ſans cette victoire,
Je croirois aujourd'hui que tout manque à ma
     gloire.
Ce n'eſt pas que l'amour en ſoit le ſeul objet ;
Loin que de mes deſſeins il ſuſpende l'effet,
Cette flamme où tu crois que tout mon cœur s'ap-
     plique,
Eſt un fruit de ma haine, & de ma politique.
Si je rens Cicéron favorable à mes feux,
Rien ne peut déſormais s'oppoſer à mes vœux.
Je tiendrai ſous mes loix & la fille & le pere,
Et j'y verrai bientôt la République entiere.
Je ſai que ce Conſul me hait au fond du cœur,
Sans oſer d'un refus inſulter ma faveur.
Il craint en moi le Peuple, & garde le ſilence :
Mais, tandis qu'entre nous Rome tient la balance,

J'ai crû devoir toujours poursuivre avec éclat
Un hymen qui le perd dans l'esprit du Sénat.
Au Temple de Tellus voilà ce qui m'appelle :
Probus, qu'à Cicéron je veux rendre infidéle,
M'y sert à ménager des Traités captieux,
Où, sans rien terminer, je les trompe tous deux.
Mais, loin de confier nos desseins au Grand-Prê-
        tre,
De ses propres secrets je suis déja le maître ;
J'ai flatté son orgueil par le Pontificat ;
J'ai parlé pour lui seul en public au Sénat,
Tandis que pour César, aidé de Servilie,
J'engageois Cicéron trompé par Cétonie :
Enfin, Probus sait trop que s'il m'osoit trahir,
Il ne me faut qu'un mot pour le faire périr ;
Même ici, par ses soins, je dois revoir Tullie.
Ne crains point cependant le courroux de Fulvie,
Son cœur fut trop à moi pour en redouter rien.

LENTULUS.

Elle a trop pénétré l'artifice du tien
Pour ne se point venger de tant de perfidie ;
Elle est femme, jalouse, imprudente, hardie ;
Elle sait tout, bientôt nous serons découverts,
Et je n'entrevois plus que de tristes revers.
Que fesons-nous dans Rome ? Et sur quelle espérance,
Parmi tant d'ennemis, avoir tant d'assurance ?

Contre César & toi, les clameurs de Caton
Ne cessent d'irriter Antoine & Cicéron.
Ces deux Consuls, tous deux amis de la Patrie,
Brûlant de cet amour que tu nommes manie,
Peut-être trop instruits de nos desseins secrets,
Préviendront, d'un seul coup, ta haine & tes pro-
     jets.
Déja, de toutes parts, je vois grossir l'orage;
Crassus devient suspect, t'en faut-il davantage?
Et tu n'ignores pas que depuis plus d'un jour
Les lettres de Pompée annoncent son retour;
Que Pétréius suivi de nombreuses cohortes,
Bientôt de Rome même occupera les portes:
César, dont le génie égale le grand cœur,
T'accuse d'imprudence, & de trop de lenteur.

CATILINA.

Oui, je sai que César desire ma retraite,
Pour briguer au Sénat l'honneur de ma défaite,
Pour voir nos Légions marcher sous ses drapeaux,
Et pour profiter seul du fruit de mes travaux.
Mais, si le sort répond à l'espoir qui m'anime,
Je ferai de César ma premiere victime;
Il est trop jeune encor pour me donner la loi,
Et je n'en veux ici recevoir que de moi.
Qu'ai-je à craindre dans Rome où le Peuple m'adore,
Où je veux immoler ce Sénat que j'abhorre?

Le péril est égal ainsi que la fureur ;
Et j'ai, de plus, sur eux ma gloire & ma valeur.
L'exemple de Silla n'a que trop fait connoître
Combien il est aisé de leur donner un maître ;
Et ce Pompée enfin, si fameux aujourd'hui,
Tremblera devant moi, comme il fit devant lui;
Manlius avec nous toujours d'intelligence,
Aussi prompt que toi-même à servir ma vengeance,
Avec sa Légion doit joindre Célius,
Et Céson avec lui rejoindre Manlius.
Sunnon des fiers Gaulois le ministre fidéle
Qui les voit menacés d'une guerre nouvelle,
Habile à profiter de celle des Romains,
Doit de tout son pouvoir appuyer nos desseins.
Cesse de m'opposer une crainte frivole,
Dès demain je serai maître du Capitole.
C'est du haut de ces lieux que tenant Rome aux
  fers,
Je veux avec les Dieux partager l'Univers.
Rome ! Je n'ai que trop fléchi sous ta puissance,
Mais je te punirai de mon obéissance.
Pardonne ce courroux à la noble fierté
D'un cœur né pour l'Empire, ou pour la liberté.

LENTULUS.

Ah ! Je te reconnois à ce noble langage ;
Rome même est trop peu pour un si grand courage.

Remplis ton fort, fais voir à l'Univers jaloux,
Qu'il ne devoit avoir d'autres maîtres que nous.
Adieu, Catilina, Probus vient, je te laisse.

CATILINA.

Va, dis à Céthégus qu'il tienne sa promesse;
L'un & l'autre, en secret, daignez voir Manlius,
Et faites observer Fulvie & Curius.

SCENE II.

CATILINA, PROBUS.

PROBUS.

HÉ quoi, Seigneur, c'est vous que votre vigi-
lance
A conduit le premier aux Autels que j'encense!
Saviez-vous que Tullie y dût porter ses pas?

CATILINA.

Je le sai, cependant je ne l'y cherche pas.
Votre intérêt, Probus, est tout ce qui m'améne,
Et mon cœur à vous seul veut confier sa peine.
César, que Cicéron appuyoit au Sénat,
César est désormais sûr du Pontificat;
Il l'emporte sur vous, & son audace extrême
Veut soumettre à ses loix la Religion même.

J'ai crû, de Cicéron qui vous est allié,
Que mon parti pour vous seroit fortifié,
Ou qu'il choisiroit mieux du moins votre adver-
  saire :
Mais ses trésors ont fait ce que je n'ai pû faire ;
C'est ainsi qu'aujourd'hui se gouvernent les loix.
Ce Sénat, le modéle & le tuteur des Rois,
Qui fit à l'Univers admirer sa justice,
Qui punissoit de mort un soupçon d'avarice,
Qui puisoit ses décrets dans le conseil des Dieux ;
Vend ce qu'à la vertu réservoient nos ayeux.
Je vois avec douleur que cet affront vous blesse.

PROBUS.

Eh ! Ce n'est pas moi seul, Seigneur, qu'il inté-
  resse,
Il rejaillit sur vous encor plus que sur moi,
Vous, qu'un vil Orateur fait plier sous sa loi,
Vous, qui jusqu'à ce jour armé d'un front terrible,
Des cœurs audacieux fûtes le moins fléxible,
Qui d'un Sénat tremblant à votre fier aspect,
Forciez, d'un seul regard, l'insolence au respect ;
A sa voix, aujourd'hui, plus soumis qu'un esclave,
Enfin, à votre tour, vous souffrez qu'on vous brave ;
Et vous abandonnez le soin de l'Univers
A des hommes sans nom, qui mettent Rome aux
  fers.

Et que m'importe à moi que le Sénat m'outrage,
Que fa corruption mette à prix fon fuffrage ?
L'Univers ne perd rien à mon abaiffement,
Mon nom ni mes vertus n'en font pas l'ornement;
Les Dieux ne m'ont point fait pour le régir en maî-
 tre.
Vous feul... Mais déformais méritez-vous de l'être,
Avec une valeur qui n'oferoit agir,
Et ce front outragé qui ne fait que rougir ?
Quoi, pour vous engager à fauver la Patrie,
Faudra-t-il qu'avec moi tout un peuple s'écrie :
La mort nous a ravi Marius & Silla,
Qu'ils revivent en toi, régne Catilina !
CATILINA.

Probus, ne tentez point une indigne victoire,
Les crimes du Sénat ne fouillent point ma gloire
Je frémis comme vous de tout ce que j'y vois,
De l'abus du pouvoir, & du mépris des loix.
J'admire en vous fur-tout cette ame bienfaifante
Que l'approche des Dieux rend fi compatiffante :
Mais parmi tant d'objets cités pour m'émouvoir,
Vous en oubliez un.
PROBUS.
Quel eft-il ?
CATILINA.
Mon devoir.

A combien de defirs il faut que l'on s'arrache,
Si l'on veut conferver une vertu fans tache?
L'outrage n'eft fuivi d'aucun reffentiment,
Dès que le bien public s'oppofe au châtiment;
Ses intérêts facrés font notre loi fuprême,
Et s'immoler pour eux, c'eft vivre pour foi-mê-
    me.
Confiderez ce Temple orné de mes ayeux,
Que Rome a crû devoir placer parmi vos Dieux:
Le fang qu'ils prodiguoient pour cette augufte
    mere,
N'a laiffé dans fon fein qu'un fils qui la révere;
Et tout muets qu'ils font, ces marbres généreux,
Ne m'en difent pas moins qu'il faut l'être autant
    qu'eux.
Rome ne me dois rien, & je lui dois la vie.

PROBUS.

Ainfi vous fouffrirez qu'elle foit affervie;
Qu'un peuple qui vous a nommé fon protecteur,
Soit réduit à chercher un autre défenfeur:
En vain fondant fur vous fa plus chere efpérance,
Rome vous élevoit à la toute-puiffance.
J'entrevois dans le cœur d'un fier Patricien,
Les foibleffes de cœur d'un obfcur Plébéien;
Et c'eft Catilina, qui feul ici protege
Un refte de Sénat impur & facrilege;

Un tas d'hommes nouveaux proscrits par cent dé-
      crets
Que l'orgueilleux Sylla dédaigna pour sujets ;
Disparu dans l'abîme où son orgueil le plonge,
Les grandeurs du Sénat ont passé comme un songe :
Non, ce n'est plus ce corps digne de nos Autels,
Où les Dieux opinoient à côté des mortels.
De ce corps avilli Minerve s'est bannie
A l'aspect de leur luxe & de leur tyrannie ;
On ne voit que l'or seul présider au Sénat,
Et de profanes voix fixer le Consulat.
Enfin, Rome n'est plus sans le secours d'un maî-
      tre.
Et, qui d'eux plus que vous, seroit digne de l'être ?
César semble promettre un superbe avenir,
Que peut-être moins jeune il osera tenir.
Lucullus n'est plus rien, & son rival Pompée
N'a pour lui qu'un bonheur où Rome s'est trompée.
Crassus, plein de desirs indignes d'un grand cœur,
Borne à de vils trésors les soins de sa grandeur.
Cicéron ébloui du feu de son génie . . .
Mais, je veux respecter le pere de Tullie.
Pour Caton, je n'y vois qu'un courage insensé,
Un faste de vertu qu'on a trop encensé.
Le reste n'est point fait pour prétendre à l'Empire ;
C'est à vous seul, Seigneur, que j'ose le prédire.

Quelle gloire pour vous en domptant les Romains,
De pouvoir vous vanter au reste des humains,
Que sans avoir des Dieux emprunté le tonnerre,
Un seul homme a changé la face de la terre!

CATILINA.

Ministre des Autels, que me proposez-vous ?

PROBUS.

La gloire de bien faire, & le salut de tous,
Ce qu'un grand cœur flatté de cet honneur suprême,
Auroit dû dès long-tems se proposer lui-même.

CATILINA.

Ah! Probus, je l'avoue, une si noble ardeur
Porte des traits de feu jusqu'au fond de mon cœur.
Je sens que malgré moi mes scrupules vous cedent.

PROBUS.

Hé bien, qu'à ce remords de prompts effets succé-
     dent,
D'armes & de soldats remplissons tous ces lieux
Où le Sénat impie ose troubler mes Dieux.
Dans un sang ennemi... Mais j'apperçois Tullie.

CATILINA.

Ne vous éloignez point, cher Probus, je vous prie,
J'ai besoin de conseil dans le trouble où je suis,
Et je vous rejoindrai bientôt si je le puis.

[*Probus se retire dans une aîle du théatre.*]

SCENE III.
CATILINA, TULLIE.

CATILINA.

QUoi, Madame, aux Autels vous devancez
    l'aurore !
Et, quel foin fi preffant vous y conduit encore ?
Qu'il m'eft doux cependant de revoir vos beaux
    yeux,
Et de pouvoir ici raffembler tous mes Dieux !

TULLIE.

Si ce font là les Dieux à qui tu facrifies,
Apprens qu'ils ont toujours abhorré les impies ,
Et que fi leur pouvoir égaloit leur courroux,
La foudre deviendroit le moindre de leurs coups.

CATILINA.

Tullie, expliquez-moi ce que je viens d'entendre,
Ma gloire & mon amour craignent de s'y mépren-
    dre ;
Et fi nous n'étions feuls, malgré ce que je voi,
Je ne croirois jamais que l'on s'adreffe à moi.

TULLIE.

Ah ! ce n'eft qu'à vous feuls, grands Dieux ! que je
    m'adreffe,
Et non à des cruels qu'aucun remords ne preffe !
                                        Monftres,

Monstres, dont la fureur brave les immortels,
Et que le crime suit jusqu'aux piéds des Autels,
Qui tout baignés d'un sang qui demande ven-
    geance,
Osent des Dieux vengeurs insulter la présence !
Le sang de Nonius versé près de ces lieux,
Fume encore, & voilà l'encens qu'on offre aux
    dieux ;
La sacrilége main qui vient de le répandre,
N'attend plus qu'un flambeau pour mettre Rome en
    cendre.
Ce n'est point Mitridate, ennemi des Romains,
Ni le Gaulois Altier qui forme ces desseins ;
Grands Dieux ! c'est une main plus fatale & plus
    chere,
Qui menace à la fois la Patrie & mon pere.
Ces excès de fureur inconnus à Sylla ,
N'étoient faits que pour toi, traître Catilina.

CATILINA.

D'un reproche odieux réprimez la licence,
Madame , ou contraignez vos soupçons au silen-
    lence ;
Songez , pour violer le respect qui m'est dû ,
Qu'il faut auparavant que je sois convaincu ;
Qu'il faut l'étre soi-même avant que d'oser croire
La moindre lâcheté qui peut flétrir ma gloire;

Que l'amour est déchû de son autorité
Dès qu'il veut de l'honneur blesser la dignité :
Souvenez-vous enfin qu'un généreux courage
Pardonne à qui le hait, mais point à qui l'outrage.

TULLIE.

Et, qu'ai-je à redouter de ton inimitié ?
Tu ne me verras point implorer ta pitié,
Cruel, tu peux porter à la triste Tullie
Tous les coups que ta main réserve à la Patrie :
Borne tes cruautés à déchirer un cœur
Qui s'est déshonoré par une lâche ardeur ;
Ce cœur que trop long-temps a souillé ton image,
N'est plus digne aujourd'hui que d'opprobre & d'ou-
    trage ;
Rien ne peut expier la honte de mes feux :
Mais ne présume pas que ce cœur malheureux,
Que tes fausses vertus t'ont rendu favorable,
T'épargne un seul moment dès qu'il te fait coupable ;
Tu le verras plus prompt à s'armer contre toi,
Qu'il ne le fut jamais à t'engager sa foi.
Grands Dieux ! n'ai-je brûlé d'une flamme si pure,
Que pour un assassin, un rebéle, un parjure ?
Et le barbare encore insulte à ma douleur,
Il veut que mon devoir respecte sa fureur !
Mais, cruel, mon amour n'en sera point complice,
Dût-on charger ma main du soin de ton supplice,

Je n'hésiterai point à te sacrifier :
Tu n'as plus qu'un moment à te justifier.

CATILINA.

Et, de quoi voulez-vous que je me justifie ?

TULLIE.

D'un complot qui bientôt te coûtera la vie.
Mais puisque ton orgueil s'obstine à le nier,
Et que tu me réduits, traître, à t'humilier,
Esclave, paroissez.

SCENE IV.

CATILINA, TULLIE, FULVIE
déguisée en esclave.

CATILINA *à part.*

Que vois-je ! C'est Fulvie.

TULLIE *à Fulvie.*

Parlez, je vous l'ordonne au nom de la Patrie.

FULVIE.

Qui, moi, parler, Madame, à quel péril affreux
Exposez-vous ici les jours d'un malheureux ?
D'un Romain, quelqu'en soit le rang & la naissance,
Je sai combien je dois respecter la présence ;

De celui-ci sur-tout je redoute l'aspect.
TULLIE.
Parlez, & dépouillez ce frivole respect ;
Un esclave enhardi par le salut de Rome,
Doit-il tant s'effrayer à l'aspect d'un seul homme ?
Connoissez-vous celui qui paroît à vos yeux ?
Répondez ; quel est-il ?
FULVIE.
> C'est un séditieux.

Je ne connois que trop ce mortel redoutable,
Et le plus grand de tous s'il étoit moins coupable.
Oui, Madame, c'est lui, voilà le furieux
Qui veut souiller de sang sa Patrie & ses Dieux,
Égorger le Sénat, immoler votre pere,
Et la flamme à la main désoler Rome entiere.

CATILINA *feignant de ne pas recon-noître Fulvie.*

Quoi, vous osez commettre un homme tel que
   moi
Avec des malheureux si peu dignes de foi ?
Et vous me réduisez à souffrir qu'un esclave,
Au mépris de mon rang, me flétrisse & me brave ?
Ah ! C'est pousser l'injure & l'audace trop loin.
TULLIE.
Ingrat, rougis du crime & non pas du témoin :

Mais envain ton orgueil s'attache à le confondre,
Vanter ta dignité, ce n'eſt pas me répondre.
Adieu.

       [*à Fulvie.*]
   Vous, ſuivez-moi.
          CATILINA *arrêtant Fulvie.*
            Non, non, il n'eſt plus temps,
Cet eſclave eſt chargé d'avis trop importans ;
D'ailleurs, dès qu'avec lui vous oſez me commet-
   tre,
Souffrez qu'en d'autres mains je puiſſe le remettre.
Probus, venez à nous.

━━━━━━━━━━━━━━━━━━━━

SCENE V.

CATILINA, TULLIE, FULVIE
PROBUS.

TULLIE.

OUel eſt donc ton deſſein ?
       CATILINA.
C'eſt au nom du Sénat & du peuple Romain,
Qui de cès lieux ſacrés vous fit dépoſitaire,
Probus, qu'entre vos mains je mets ce téméraire.

TULLIE.

En vain par ce dépôt tu crois m'en impoſer,
Je vois à quel deſſein tu veux en diſpoſer.

CATILINA.

Non, loin que ma fierté déformais le récuſe ;
C'eſt devant le Sénat que je veux qu'il m'accuſe.
Puis qu'il doit en ces lieux s'aſſembler aujour-
    d'hui,
C'eſt à Probus, Madame, à répondre de lui.

TULLIE.

Songe, Catilina, qu'il y va de ta vie.

CATILINA.

Allez, ſongez, Madame, à ſauver la Patrie ;
C'eſt des jours d'un ingrat prendre trop de ſouci,
Et l'amour n'a plus rien à démêler ici.

SCENE VI.

CATILINA ſeul.

QU'aurois-je à redouter d'une femme infi-
    delle ?
Où ſeront ſes garants, & d'ailleurs, que fait-elle ?
Quelques vagues projets dont l'imprudent Caton
Nourrit depuis long-temps la peur de Cicéron ;

Projets abandonnés , mais dont ma politique ,
Par leur illusion trompe la République ,
Sait de ce vain fantôme occuper le Sénat ,
L'effrayer d'un faux bruit , ou d'un assassinat ,
Et ne lui laisser voir que des mains meurtrieres ;
Tandis qu'un grand dessein échappe à ses lumieres.
Maître de mes secrets , j'ai pénétré les siens ,
Et Lentulus lui-même ignore tous les miens.
De cent mille Romains armés pour ma querelle ,
Aucun ne se connoît , tous combattront pour elle.
De l'un des deux Consuls je me suis assuré ;
Plus que moi contre l'autre Antoine est conjuré ;
César ne doit qu'à moi sa dignité nouvelle ,
Et je sai qu'à ce prix il me sera fidéle.
Voilà comme un Consul qui pense tout prévoir ,
Souvent pour mes desseins agit sans le savoir.
L'Affriquain peu soumis , le Gaulois indomptable ,
Tout l'Univers enfin , las d'un joug qui l'accable ,
N'attend pour éclater que mes ordres secrets ,
Et Cicéron n'est point instruit de mes projets.
Ce n'est pas dans tes murs , Rome ! que je m'arrête ,
Des cris du monde entier j'ai grossi la tempête ;
Mon cœur n'étoit point fait pour un simple parti
Que le premier revers eût bientôt ralenti.
J'ai séduit tes vieillards , ainsi que ta jeunesse ,
César , Sylla , Crassus , & toute ta noblesse.

Mais il faut retourner à Probus qui m'attend;
Ménageons avec lui ce précieux instant
Pour rendre sans effet le courroux de Tullie;
Et pour mettre à profit les fureurs de Fulvie.
Soutiens, Catilina, tes glorieux desseins,
Maître de l'Univers, si tu l'es des Romains,
C'est aujourd'hui qu'il faut que ton sort s'accom-
    plisse,
Que Rome à tes genoux tombe, ou qu'elle périsse.

Fin du premier acte.

ACTE II.

SCENE PREMIERE.

FULVIE, PROBUS.

FULVIE.

N'Abusez point, Probus, de l'état où je suis ;
Je vous perdrai : du moins, songez que je le puis.
Vous croyez, à l'abri de votre caractere,
Pouvoir impunément défier ma colere,
Et que mon cœur tremblant à l'aspect de ce lieu ;
Va mettre au même rang le Ministre & le Dieu.
Et quel Ministre encore ! Un sacrilége, un traî-
    tre,
Qui de Catilina devenu le Grand-Prêtre,
Des Tarquins sur son front, veut ceindre le bandeau,
Et du sang des Romains nourrir ce Dieu nouveau.
Lâche, qui se dévoue aux amours de Tullie,
Qui de ses propres Dieux profanateur impie,
Prête leur Sanctuaire à des feux criminels,
Déshonore le Prêtre, & souille les Autels.

PROBUS.

Cédez moins au torrent de votre jalousie,
Et loin de m'offenser, écoutez-moi, Fulvie.
Considerez l'abîme où va vous engager
Une folle habitude à ne rien ménager.
Vous croyez vous venger, vous vous perdez vous-
    même,
Et de plus, un amant qui peut-être vous aime.
Le dépit n'a jamais satisfait ses transports,
Qu'il n'ait livré notre ame à d'éternels remords.
L'amour le mieux vengé, quelle que soit l'offense,
Est souvent le premier à pleurer sa vengeance ;
On punit l'inconstant, mais on perd en un jour
L'objet de sa tendresse, & l'espoir d'un retour.
Enfin, que savez-vous si l'on aime Tullie,
A travers les fureurs dont votre ame est saisie ?
Croyez-vous que l'amour éclaire assez vos yeux
Pour percer les replis d'un cœur ambitieux ?
Vous savez les projets que votre amant médite,
En pénétrez-vous bien les détails, & la suite ?
Un homme tel que lui, doit-il à découvert
Se montrer, sans prudence, au grand jour qui le
    perd ?
Peut-il porter trop loin l'artifice & la feinte ?
Non, il faut que son cœur ne soit qu'un labirin-
    the,

Que l'amour même envain y cherche des secrets
Que pour lui la raison & l'honneur n'ont point faits.
L'usage qu'aujourd'hui vous avez osé faire
Des secrets dont l'amour vous fit dépositaire,
Ne vous prouve que trop, malgré votre dépit,
Pour peu qu'il ait parlé qu'il n'en a que trop dit.
L'impétueux Caton murmure, tonne, éclate,
Trouble tout pour servir un Consul qui le flatte.
Devenu du Sénat, & l'idole, & l'espoir,
Cicéron est armé du souverain pouvoir.
Le Sénat qui sur lui redoute une entreprise,
Pour mettre son Héros à couvert de surprise,
De l'ordre équestre entier le fait accompagner;
Puis qu'on ne peut le perdre, il faut donc le ga-
    gner.
Pour le faire périr, il faut la force ouverte;
Mais, ce seroit sans fruit travailler à sa perte.
Un hymen prétendu peut calmer ses frayeurs,
Et cet hymen devient l'objet de vos fureurs.
Plus de raison alors, & la fière Fulvie
Expose un nom célebre aux mépris de Tullie,
Se couvre sans rougir d'un vil déguisement.
Pourquoi ce déshonneur? Pour perdre son amant.
Ah, Madame! Ce cœur dont j'ai plaint la ten-
    dresse,
De l'habit qui vous cache a-t-il pris la bassesse?

C ij

Dans quel fein dépofer des fecrets dangereux,
Si le cœur d'une amante eft un écueil pour eux ?
Vit-on jamais l'amour dans fa plus noire yvreffe,
Emprunter du dépit une langue traîtreffe ?

FULVIE.

Qui donc ai-je trahi ? Miniftre ambitieux,
Et quelle foi doit-on à des féditieux ?
La garder aux méchans, c'eft partager leurs cri-
    mes :
Mais je vois que Probus connoît peu ces maxi-
    mes ;
Et je fai, quand la haine enflamme vos pareils,
Jufqu'où va la noirceur de leurs lâches confeils,
Sur-tout dès qu'il s'agit de venger leurs injures.
Céfar eft défigné fouverain des augures,
Cicéron a brigué pour ce rival heureux,
Et le place en un rang dont on flattoit vos vœux ;
Catilina d'ailleurs vous étoit favorable.
Le moyen qu'à vos yeux je ne fois point coupable,
Moi qui viens de fauver un Conful odieux
Qui s'eft ofé jouer d'un Miniftre des Dieux,
Qui de fa dignité dépofitaire habile,
Plein de fafte aux Autels, & près des grands, fer-
    vile,
Sur l'efpoir de leurs dons mefure fa ferveur,
Et n'adore en effet que la feule faveur ?

Mon devoir m'ordonnoit de sauver la Patrie ;
Imitez-le, ou gardez vos conseils pour Tullie.
Croyez-moi, terminez d'imprudentes leçons,
Qui ne font qu'irriter ma haine & mes soupçons :
Cessez de me flatter qu'on peut m'aimer encore,
J'ai trop vû la beauté que l'infidéle adore ;
Mes yeux avant ce jour ne la connoissoient pas,
Mais, vous me payerez ses funestes appas ;
C'est vous qui leur gagnez sur moi la préférénce,
Moi, que déshonoroit la seule concurrence.
Pourquoi de cet hymen m'a-t-on fait un secret ?
Et pourquoi, s'il est feint, m'en cacher le projet ?
Traître, ce n'est pas vous qui deviez me l'apprendre?
Mais on croit n'avoir rien à craindre d'un cœur ten-
    dre.
Sachez que d'un secret à demi confié,
Dès qu'on peut une fois percer l'autre moitié,
On est toujours en droit d'en trahir le mystere,
Et qu'on ne doit plus rien à qui nous l'ose taire.

PROBUS.

Hé bien, perdez, Madame, un homme généreux
Qui veut briser les fers de tant de malheureux ;
Vengez votre beauté d'un amant infidéle,
Et votre orgueil blessé des projets qu'il vous céle ;
D'un long embrasement devenez le flambeau,
Et nous ouvrez à tous les portes du tombeau.

C iij

Mais, Catilina vient, évitez sa préfence,
Ou du moins, gardez-vous d'irriter sa vengeance.

SCENE II.

CATILINA, FULVIE, PROBUS.

CATILINA.

PRobus, où fommes-nous ? & qu'eft-ce que je
    voi !
Quel opprobre pour Rome, & quel affront pour
    moi !
C'eft aux yeux du Sénat, aux miens, qu'une Ro-
    maine,
Au mépris des devoirs où fon fexe l'enchaîne,
Sous un déguifement fait pour de vils humains,
S'en va déshonorer le premier des Romains,
De fes folles erreurs le rendre la victime,
Sans daigner feulement s'éclaircir de fon crime;
Et lors que tout confpire à me juftifier,
Sa jaloufe fureur veut me facrifier !
Et quel étoit le but où ma valeur afpire ?
Pour qui voulois-je ici conquérir un Empire ?
Eft-ce pour Cicéron, l'objet de mon courroux,
Lui que je voudrois voir expirer fous mes coups!

Non, c'est pour une ingrate à qui je sacrifie
Ma gloire, mon devoir, & le soin de ma vie.

FULVIE.

Pourfuis, Catilina, le reproche fiéd bien
A des cœurs innocens & purs comme le tien ;
Mais dans l'art de tromper, ta fcience fuprême,
Tu m'en as trop appris pour me tromper moi-
   même.
Vas, ceffe d'éclater fur mon déguifement,
Tout, jufqu'à ton courroux, eft faux en ce mo-
   ment.
Égorge Cicéron aux yeux de fa famille,
Je ne t'en croirai pas moins épris de fa fille ;
Ce n'eft pas d'aujourd'hui que tu fais allier
La vertu, les forfaits, l'amant, le meurtrier ;
Et Tullie à tes yeux fût-elle encor plus chere,
Rien ne garantiroit la tête de fon pere.
Mais, de quoi te plains-tu ? Quel eft mon atten-
   tat ?
Eft-ce moi qui prétens t'accufer au Sénat ?
De l'efpoir d'être à toi ma tendreffe enyvrée,
A tes lâches complots ne m'a que trop livrée.
Songe que tu me dois & Céfar, & Craffus,
Les enfans de Sylla, Cépion, Lentulus.
Cruel ! j'aurois voulu que tout ce qui refpire ,
Eût été comme moi foumis à ton Empire ;

Mais tandis que pour toi je féduifois les cœurs,
Tu préparois au mien le comble des horreurs;
Et le tien, trop épris des charmes de Tullie,
A bientôt oublié ce qu'il doit à Fulvie.
Cependant, qui de nous s'arme ici contre toi?
C'eft elle qui te perd, ingrat, ce n'eft pas moi.
Il eft vrai qu'en fon cœur j'ai voulu te détruire;
Mais, c'eft là feulement qu'attachée à te nuire,
Contente de pouvoir vous défunir tous deux,
Je n'ai rien oublié pour te rendre odieux.
Hé, pouvois-je prévoir que l'honneur chiméri-
　　que
De fauver les débris d'un nom de République,
Porteroit une amante à perdre fon amant?
Mais, pour t'en garantir, je ne veux qu'un mo-
　　ment.
Abandonne à mon cœur le foin de ta défenfe,
Je ne fai s'il te doit, ou tendreffe, ou vengean-
　　ce;
Je ne veux fur ce point nul éclairciffement,
Qui puiffe triompher d'un plus doux mouvement;
Mais par un défaveu, fouffre que j'humilie
A l'afpect du Sénat l'orgueilleufe Tullie;
Son cœur eft déformais indigne de ta foi.

C A T I L I N A.

Tullie en me perdant fe rend digne de moi;

Et vous, qui prétendez me sauver par un crime,
Vous ne méritez plus mes vœux, ni mon estime.
C'est au Sénat qu'il faut m'accuser aujourd'hui;
Je ne redoute rien, ni de vous, ni de lui.
Si jamais vous osiez y démentir Tullie,
Un affront si sanglant vous coûteroit la vie;
Ainsi déclarez tout, c'est l'unique moyen
De regagner un cœur qui ne vous doit plus rien;
Vos fureurs n'ont que trop épuisé ma constance:
Mais, je vois les Licteurs, & le Consul s'avance.
Éloignez-vous d'ici.

FULVIE.

Tu me braves, ingrat.
Adieu, tu me verras ce jour même au Sénat.

[*Elle sort.*]

CATILINA.

Probus, suivez ses pas, allez tous deux m'attendre,
Et cachez Manlius qui doit ici se rendre.

SCENE III.

CICÉRON, CATILINA, LES LICTEURS.

CICÉRON *fait signe aux Licteurs de s'éloigner.*

C'Est vous, Catilina, que je cherche en ces
    lieux,
Non comme un Sénateur jaloux & furieux,
Mais comme un ennemi qui fait regler sa haine,
Sur ce qu'en peut permettre une vertu Romaine.
Enfin, depuis le jour que le fort des Romains,
Par le choix des Tribuns fut remis en mes mains,
Vous ne m'avez point vû soigneux de vous dé-
    plaire,
Braver l'inimitié d'un si noble adversaire.
Je remportai sur vous l'honneur du Consulat,
Sans acheter les voix du Peuple & du Sénat;
Et vous savez assez que cette préférence
Qui flattoit vos desirs, passoit mon espérance.
Mais le Sénat toujours en butte à vos mépris,
Réunit en moi seul les vœux & les esprits.
Encor, si quelquefois vous daigniez vous contraindre,
Que fait pour être aimé vous vous fissiez moins
    craindre,

Que mettant à profit tant de dons précieux ;
Vous affectassiez moins un orgueil odieux :
Mais bravant le Sénat & les Consuls ensemble ,
A vos moindres chagrins vous voulez que tout trem-
    ble.

Regardez ces Autels , voyez parmi nos Dieux
Ces marbres consacrés aux noms de vos ayeux ;
Leurs grands cœurs ont toujours haï la tyrannie ,
Et Rome n'a jamais tremblé que pour leur vie ;
Si moins ambitieux votre haute valeur
Ne nous eût inspiré que la même terreur ;
Qui d'entre nous pouvoit refuser son suffrage ,
Aux vertus dont le ciel a fait votre partage ?
Politique , Orateur , Capitaine , Soldat ,
Vos défauts , des vertus ont même encor l'éclat.
Quel Citoyen pour nous , & le plus grand peut-
    être ,
S'il nous menaçoit moins de nous donner un maî-
    tre !
On dit . . . Mais je crois peu des bruits mal assurés ,
Qui vous osent nommer parmi des conjurés.
Tout défiant qu'il est Caton ne l'ose croire ;
Cependant le Sénat jaloux de votre gloire ,
Pour étouffer des bruits , qui dans un Sénateur
Pourroient , en vous blessant , blesser son propre
    honneur ,

Dès hier vous nomma Gouverneur de l'Asie.
Pompée & Pétréius descendus vers Ostie,
L'un & l'autre chargés de vous y recevoir,
Remettront dans vos mains leur souverain pou-
    voir.
Partez donc, & songez que votre obéissance
Peut seule être le prix de notre confiance.

C A T I L I N A.

Ainsi donc le Sénat veut, sans me consulter,
Me charger d'un emploi que je puis rejetter.
Je ne sai s'il a crû me forcer à le prendre,
Mais, j'ignore comment vous osez me l'appren-
    dre,
Et croire m'éblouir jusqu'à me déguiser
Tout l'affront d'un honneur que je dois mépriser.
On me hait, on me craint, on conspire dans
    Rome,
Parmi des conjurés, c'est moi seul que l'on nomme;
Cependant le Sénat peu certain de ma foi,
Daigne, malgré ces bruits, m'honorer d'un emploi.
Le Farouche Caton, devenu plus flexible,
D'aucun soupçon encor ne paroît susceptible;
Et Cicéron ne vient armé que de bienfaits,
Lors qu'il peut, par la foudre, arrêter mes projets.
Mais, d'un Consul jaloux la politique habile,
Devroit mieux me cacher que c'est lui qui m'éxile,

Et ne point abuser de la crédulité
D'un Sénat trop jaloux de son autorité ;
Car enfin tous ces bruits, enfans de sa foiblesse,
N'ont d'autres fondemens qu'un soupçon qui vous
 blesse.

CICÉRON.

N'est-ce rien, selon vous, que d'être soupçonné ?
A votre ambition sans cesse abandonné,
Vous causez tant de trouble, & tant d'inquiétude ;
Que le moindre soupçon tient lieu de certitude.
Dès qu'on ose allarmer le pouvoir souverain,
On est toujours suspect d'un coupable dessein.
Peut-on trop sur ce point rassurer la Patrie ?
Acceptez-vous l'emploi que Rome vous confie ?
C'est pour m'en éclaircir que je viens vous trouver.

CATILINA.

J'entens ; c'est sur ce point que l'on veut m'éprou-
 ver.
Si j'accepte l'emploi, c'est à tort qu'on m'accuse,
Et je suis criminel dès que je le refuse :
Mais, malgré l'appareil d'un frivole discours,
Je perce, en ce moment, à travers vos détours.
L'intérêt des Romains n'est pas ce qui vous guide ;
C'est le seul mouvement d'une haine perfide,
Que le fiel de Caton fut toujours enflammer,
Et que mes soins en vain ont tenté de calmer.

J'ai fait plus, j'ai brigué jufqu'à votre alliance;
Et, lorfque Rome attend avec impatience
Un hymen qui pourroit raffurer les efprits,
Vous ofez le premier fignaler des mépris.
Et depuis quand, Seigneur, l'intérêt de ma gloire
Vous fait-il craindre un bruit que Caton n'ofe
    croire ?
Quand ce même Caton, Citoyen furieux,
Répand feul contre moi ces bruits injurieux
Que vous autorifez avec trop d'imprudence;
Vous, qui de fon orgueil nourriffant l'infolence,
Confacrez chaque jour fes tranfports infenfés.
Je vous connois tous deux mieux que vous ne pen-
    fez.
Timide, foupçonneux, & prodigue de plaintes,
Cicéron lit toujours l'avenir dans fes craintes;
Et Caton, d'un génie ardent, mais limité,
Ne connoît de vertu que la férocité;
Prompt à fe courroucer, enclin à contredire,
La haine eft le feul dieu qui le meut & l'infpire.
Mais c'eft perdre le temps en difcours fuperflus,
Et je reviens aux foins qui vous touchent le plus.
Allarmé d'un pouvoir dont la grandeur vous bleffe,
L'ardeur d'en triompher vous occupe fans ceffe :
Et, comme il vous falloit le fecours d'un emploi
Pour éloigner de Rome un homme tel que moi,

Vous m'avez fait nommer Gouverneur de l'Asie,
Bienfait que je tiendrois de votre jalousie :
Mais, mon nom seul ici vous faisant tous trembler,
Vous vous flattez qu'ailleurs vous pourrez m'acca-
    bler.
Déja par Manlius l'Italie occupée,
Va bientôt se remplir des Troupes de Pompée,
Et ce fameux Vainqueur de tant de Nations,
Vous offre son épée avec ses Légions.
Que d'inutiles soins, dans le temps que Tullie
Pourroit à votre gré disposer de ma vie !
Car de ces noirs complots, qui causent tant d'ef-
    froi,
Elle a dû déclarer que le Chef, c'étoit moi.
Je ne présume pas qu'à son devoir soumise,
Elle ait pû vous celer le Chef de l'entreprise.
Pourquoi donc au Sénat ne pas me déférer ?
J'entrevois les raisons qui vous font différer,
C'est que mon rang demande une preuve plus gra-
    ve
Que les rapports suspects d'un malheureux escla-
    ve :
Mais mon honneur m'engage à vous désabuser,
Avec ce seul témoin vous pouvez m'accuser.
Son nom garantit tout. Cet esclave est Fulvie,
Qui, jalouse en secret des charmes de Tullie,

A crû devoir troubler quelques soins innocens,
Qu'exigoient d'un grand cœur des charmes si tou-
    chans.
Qui croiroit qu'un Consul si prudent & si sage,
Eût été le joüet d'une femme volage ?
Vous rougissez, Seigneur; mais c'est avec éclat
Que je veux aujourd'hui me venger au Senat :
Car c'est là qu'en Consul vous devez me répondre,
Et c'est là qu'en Héros je saurai vous confondre.
Adieu.

SCENE IV.

CICÉRON *seul*.

Dans quel désordre il laisse mes esprits !
Quelle honte pour moi, si je m'étois mépris !
Catilina pourroit ne pas être coupable.
Mais qu'il est dangereux, & qu'il est redoutable !
Quel ennemi le Sort nous a-t-il suscité !
Que de courage ensemble, & de subtilité !
Son génie éclairé voit, pénétre, ou devine.
Rome n'est plus, les Dieux ont juré sa ruine.
Essayons cependant de calmer la fureur
Du perfide ennemi qui fait tout mon malheur;

S'il

S'il paroît au Sénat, & qu'il s'y justifie;
Son triomphe bientôt me coûteroit la vie.
Malgré tous ses détours, j'entrevois ce qu'il veut;
Mais nous serions perdus, s'il osoit ce qu'il peut.
Employons sur son cœur le pouvoir de Tullie,
Puisqu'il faut que le mien jusques-là s'humilie.
Quel abîme pour toi, malheureux Cicéron !
Allons revoir ma fille, & consulter Caton;
C'est là que je pourrai, dans le cœur d'un seul hom-
    me,
Retrouver à la fois, nos Dieux, nos loix, & Rome.

Fin du second Acte.

ACTE III.

SCENE PREMIERE.

SUNNON, GONTRAN.

SUNNON.

Arrêtons, cher Gontran, c'est dans ces lieux sacrés,
Décorés avec faste, au fond peu révérés,
Qu'à la face des Dieux nous allons voir éclore
Un projet qui m'alarme, & qui les déshonore.
C'est ici que bientôt Craſſus, Catilina,
Antoine, Céthégus, les enfans de Sylla,
Mille autres dont les noms éclatent dans l'Hiſtoire,
Et qui de leurs ayeux flétriſſent la mémoire,
Vont de leur ſang impur ſceller leur union,
Et livrer Rome entiere à la proſcription.
Heureux, ſi je pouvois, en ce déſordre extrême,
D'un parti que je hais me dégager moi-même !
Entraîné dès long-temps, peut-être corrompu
Par un ambitieux qui ſéduit ma vertu,

Je me trouve forcé d'embraffer fa querelle,
D'être ennemi de Rome, ou Miniftre infidéle.

GONTRAN.

Quol, des Gaules, ici, Sunnon Ambaffadeur,
De ce raìg fi facré voudroit flétrir l'honneur ?

SUNNON.

Laiffons l'honneur d'un rang qui n'eft plus qu'un
    vain titre,
Lorfqu'un autre intérêt devient mon feul arbitre ;
Les Gaules ont daigné m'envoyer en ces lieux :
Mais où font les Romains, leurs Loix, même leurs
    Dieux ?
Et quel devoir encor veux-tu que je trahiffe
Parmi des furieux fans frein & fans juflice ?
C'eft aux événemens à difpofer de moi ;
D'ailleurs, dans ce cahos, à qui garder ma foi ?
A de vils Sénateurs noyés dans la molleffe,
A deux Confuls jaloux & défunis fans ceffe ?
L'un des deux, fans honneur & fans fidélité,
Abufe chaque jour de fon autorité ;
L'autre a mille vertus, mais n'ofe en faire ufage :
Caton, loin de calmer, irritera l'orage.
Formidable au dehors, méprifable au dedans,
Le Sénat n'eft enfin qu'un amas de brigans,
Unis pour le butin, divifés au partage,
Dont toute la vertu périt avec Carthage :

D ij

A peine il fut formé qu'il détruisit ses Rois ;
Il détruit aujourd'hui l'autorité des Loix.
Après avoir détruit & Loix & Diadême,
Nous le verrons bientôt se détruire lui-même.
Allumons le flambeau de la sédition,
Rien ne peut nous sauver que leur division.
Tu ne sais pas encor quel péril nous menace :
Un Romain, tu connois sa valeur, son audace ;
Et quel Romain encor ! César depuis un an
Brigue en secret l'honneur d'être notre tyran ;
C'est à nous-gouverner que ce Héros aspire.
Si la Seine un moment coule sous son Empire,
Nous sommes tous perdus, & Gaulois, & Germains
Vont tomber sous le fer ou le joug des Romains.
Ce que la Gréce, Rome, & l'Univers ensemble,
Eurent de plus parfait, dans César se rassemble :
Prudent, ambitieux, l'homme de tous les temps,
De toutes les vertus, & de tous les talens,
Intrépide, éclairé, d'autant plus redoutable,
Que de tous les mortels il est le plus aimable.
Mais Catilina vient ; cher Gontran, laisse-nous.

SCENE II.
CATILINA, SUNNON.

CATILINA.

JE vous cherche, Sunnon, & j'ai besoin de
  vous ;
De nos desseins secrets la trame est découverte,
Et je ne m'en crois pas plus voisin de ma perte.
Le Sénat éperdu, les Chevaliers épars,
Appellent, à grand bruit, le Peuple au Champ de
  Mars ;
De toutes parts, enfin, on murmure, on s'assemble :
Mais, objet de leurs cris, ce n'est pas moi qui trem-
  ble.
L'instant fatal approche, &, loin d'en être ému,
Je me sens transporté d'un plaisir inconnu.
Je craignois les délais, ils sont toujours à craindre,
Le feu des factions est facile à s'éteindre ;
Ainsi l'on ne peut trop hâter l'événement.
Sunnon, puis-je compter sur notre engagement ?

SUNNON.

La foi de mes pareils ne fut jamais frivole :
Je suis Gaulois, ainsi fidéle à ma parole ;

L'honneur eſt parmi nous le premier de nos Dieux.
Mais vous ſavez quel joug on m'impoſe en ces lieux,
Et d'un Ambaſſadeur quel eſt le miniſtere ;
Que je ſuis retenu par une loi ſévere ,
Qui me défend d'armer de criminelles mains ,
Et d'oſer les tremper dans le ſang des Romains.
D'ailleurs , de vos projets j'ignore le myſtere ;
Je crains tout , ſans ſavoir ce qu'il faut que j'eſpere.
Si vos deſſeins ne ſont auſſi juſtes que grands ,
Et ſi ce n'eſt pour nous que changer de tyrans ;
Si nos traités ne ſont fondés ſur la juſtice ,
Vous prétendez en vain qu'aucun nœud nous uniſſe.
Notre unique vertu n'eſt pas notre valeur ,
Nous aimons la juſtice autant que la candeur.
Quoique enfant de la Guerre alaité ſous les tentes ,
Le Gaulois n'eut jamais que des mœurs innocen-
    tes.
Si vous nous ſurpaſſez par votre urbanité ,
Nous l'emportons ſur vous par notre intégrité.
C'eſt à tous nos deſſeins l'honneur ſeul qui préſide ,
Et de nos intérêts l'équité qui décide.
Nos Dieux , nos Souverains , l'autorité des Loix ,
La gloire , le devoir , notre épée & nos droits ,
Auſſi prompts que vaillans , francs , & pleins de no-
    bleſſe ,
Obéiſſans par choix , & ſoumis ſans baſſeſſe.

Mais Rome cherche moins , dans ſes vaſtes projets,
A faire des amis , qu'à faire des ſujets.
Comme nous ne voulons que le ſimple héritage ,
Dont les temps & le ſort firent notre partage ,
Voyez , ſi du Sénat réprimant la fureur ,
Vous pouvez des Gaulois être le protecteur.
Peut-être en ce diſcours , ou trop fier , ou trop li-
    bre ,
Ai-je peu ménagé la majeſté du Tybre :
Mais , dès que de mes ſoins notre ſort dépendra,
Je parlerois aux Dieux comme à Catilina.

CATILINA.

Je ne condamne point un diſcours magnanime ,
Qu'un intérêt ſacré doit rendre légitime ;
Mais je le blâmerois , Sunnon , ſi ma vertu
Ne vous inſpiroit pas un reſpect qui m'eſt dû.
Je ne ſuis point ſurpris qu'un Miniſtre ſoupçonne
De trop d'ambition un projet qui l'étonne ,
Et que , loin de vouloir ſoulager l'Univers ,
Je prétende , au contraire , appéſantir ſes fers.
Revenez cependant d'une erreur qui m'offenſe ,
Et qui peut vous ſéduire à force de prudence.
Je ſuis Chef, il eſt vrai, d'un parti dangereux ,
Mais vous ne devez pas me confondre avec eux ;
Souvent , pour s'aſſurer de leur obéiſſance ,
Il faut laiſſer régner le crime & la licence.

Le choix des Conjurés est un choix hazardeux,
Qui ne veut pas toujours des hommes généreux.
Le projet le plus grand, l'action la plus belle
A quelquefois besoin d'une main criminelle.
Si vous me regardez comme un ambitieux
Que la soif de régner a rendu furieux,
Et qui ne veut user du flambeau de la Guerre,
Que pour subjuguer Rome, & défoler la Terre,
Vous vous trompez, Sunnon ; confidérez l'état
Du Sénat & des Loix, du Peuple & du Soldat ;
Trouvez enfin dans Rome un seul trait qui réponde
A son titre pompeux de maîtresse du monde.
Les Pirates divers que Pompée a défaits,
Cachoient dans leurs rochers cent fois moins de for-
    faits.
Mais je suis las de voir triompher l'injustice,
Il est temps que mon bras s'arme pour leur sup-
    plice,
Que j'immole à nos loix ce Sénat orgueilleux,
Pour rendre l'Univers & les Romains heureux :
Voilà, mon cher Sunnon, le seul but où j'aspire,
Non au funeste honneur de conquérir l'empire ;
Et, comme j'ai toujours estimé les Gaulois,
Je mourrai, s'il le faut, pour défendre leurs droits.
Mais ne préfumez pas que de votre courage,
Dans ces murs malheureux, je veuille faire usage.

Les

Les Conjurés & moi, quel que soit le danger,
Nous n'avons pas besoin d'un secours étranger ;
Au contraire, je veux, que fuyant de la Ville,
Au Camp de Manlius vous cherchiez un asyle ;
Mais, avant que la nuit vous éloigne de nous,
Je vais vous expliquer ce que j'attens de vous,
Tout semble me livrer une Ville alarmée ;
Mais loin de ses remparts Rome a plus d'une armée.
Que le Sénat ici tombe sous mes efforts :
Ce n'est point accabler ce redoutable corps
Qui renaît de lui-même, & qui se multiplie
Dans l'Univers entier comme dans l'Italie ;
Que je vaincrai souvent sans le rendre soumis,
Et qui me cherchera toujours des ennemis.
Je veux, si les destins me sont peu favorables,
Trouver dans les Gaulois des amis secourables,
Quelque retraite enfin, dans un jour malheureux,
De vous, de vos amis, c'est tout ce que je veux.

SUNNON.

Ah ! Dès que votre bras s'arme pour la justice,
Il n'est point de Gaulois qui ne vous obéisse.
Je vous répons de tous.

CATILINA.

Quels seront vos garans ?

SUNNON *lui présentant la main.*

Touchez dans cette main, ce sont là nos sermens ;

E

Adieu, Catilina ; quelqu'un vient, c'eſt Tullie.

CATILINA *ſeul*.

Que ſa triſte vertu me peſe & m'humilie !
Fuyons, n'expoſons point tant de fois en un jour
Des cœurs nés pour la gloire, aux attraits de l'amour.

SCENE III.

TULLIE, CATILINA.

TULLIE.

ARrêtez un moment, j'ai deux mots à vous
    dire ;
Cependant, à l'eſſroi que votre accueil m'inſpire,
Je ne ſai ſi je dois m'expliquer avec vous.
Victimes tous les deux d'une amante en courroux,
Si mes cruels ſoupçons vous ont fait une offenſe,
N'en accuſez que vous, & votre fier ſilence,
Car vous pouviez d'un mot déſabuſer mon cœur.
Pourquoi, loin d'éclaircir une funeſte erreur,
Me cacher, aux dépens de toute mon eſtime,
Un témoin dont le nom vous eût abſous de cri-
    me,
Et que rendoit ſuſpect ſon amour irrité ?
Vous ſavez de mes mœurs quelle eſt l'auſtérité,

Qu'enchaînée aux devoirs d'une innocente vie,
Je n'ai jamais connu que le nom de Fulvie.
Que ne m'épargniez-vous la honte & le remords
D'avoir trop écouté ses coupables transports ?
Falloit-il exposer une ame vertueuse
A servir les fureurs d'une ame impétueuse ?

CATILINA.

Ah ! Je n'étois déja que trop humilié
De voir à vos mépris mon rang sacrifié,
Sans vous faire rougir d'une indigne rivale.

TULLIE.

Dût sa haine aujourd'hui m'être encor plus fa-
   tale,
Malgré votre courroux, je veux vous engager
A respecter ses feux, même à la ménager.
D'un pareil ennemi vous n'avez rien à craindre ;
Et son sexe, & son nom, tout m'oblige à la plain-
   dre :
Ainsi, loin d'insulter à son déguisement,
Faisons-la de ces lieux sortir secrettement.
Vous n'avez contre vous de témoin que Fulvie ;
Et l'on n'en croira point sa folle jalousie.
Loin de vous présenter l'un & l'autre au Sénat,
Evitez pour moi-même un dangereux éclat.
Que vous reviendroit-il d'une foible victoire
Qui, loin de l'embellir, flétriroit votre gloire ?

Croyez-moi, méprifez une amante en fureur,
Qui d'ailleurs ne vouloit que vous perdre en mon
     cœur.

CATILINA.

Lorfqu'on ofe attaquer mon honneur & ma vie,
Vous voulez qu'en tremblant je me cache, où je
     fuie ?
Que, laiffant le champ libre à l'infenfé Caton,
Je fouffre qu'en public il flétriffe mon nom?
Que j'éloigne Fulvie, afin que votre pere,
Sur fon abfence même, au Sénat me défere ?
Comment ! Lorfque vous-même échauffant fa fu-
     reur,
Vous me livrez au Peuple, & me perdez d'hon-
     neur,
Que fur de faux rapports déja l'on délibere,
Que contre moi Caton éclate fans myftere,
Vous voulez que, témoin de leur emportement,
J'attende du Sénat quelque ménagement ?
Que le Conful, enfin, touché de mon abfence,
Ou ne m'accufe point, ou prenne ma défenfe !
Ah ! Ne préfumez pas que leur mauvaife foi
Puiffe m'en impofer & triompher de moi :
Dès ce jour même il faut que je me juftifie.

TULLIE.

Pourriez-vous, de ma part, craindre une perfidie !

CATILINA.

Non, mais on a trompé votre crédule amour,
Afin que vous puſſiez me tromper à mon tour.
La plus legere peur corrompt les cœurs timi-
des,
Et des plus vertueux fait ſouvent des perfides.

TULLIE.

Du moins en ma préſence épargnez Cicéron.

CATILINA.

Ah ! s'il écoutoit moins le dangereux Caton ,
Et les fantômes vains d'une peur chimérique ,
Vous & moi nous euſſions ſauvé la République.

TULLIE.

Il en eſt temps encor , cruel ! Ecoutez-moi ;
N'allez point au Sénat , fiez-vous à ma foi ;
Sur de vaines rumeurs votre fierté s'abuſe ,
Songez que c'eſt moi ſeule ici qui vous accuſe ;
Que je puis d'un ſeul mot raſſurer les eſprits ,
Et diſſiper l'erreur qui les avoit ſurpris.
Si de nos premiers feux vous perdez la mémoire ,
Songez du moins , Seigneur, qu'il y va de ma gloire.
Quoi , vous pouvez m'aimer & me ſacrifier
A l'orgueilleux honneur de vous juſtifier ?
L'amour vous juſtifie , & reprend ſon empire ;
Quand mon cœur vous abſout , mon cœur doit vous
ſuffire.

Le Sénat contre vous n'a rien fait publier.
Ah ! laiffez-moi l'honneur de vous concilier !
Laiffez-moi réunir mon amant & mon pere.
Hélas ! Étoit-ce à moi d'en parler la premiere ?
L'amour n'offre donc plus à vos tendres fouhaits,
Aucun bien qui vous puiffe engager à la paix ?
Vous étes des Romains la plus noble efpérance,
Daignez contre vous – même embraffer leur dé-
　　fenfe.
De quoi vous plaignez-vous , quand c'eft vous feul ,
　　ingrat ,
Qui voulez aujourd'hui convoquer le Sénat ?
Si vous vous obftinez encore à vous défendre ,
Le Conful à fon tour voudra s'y faire entendre ,
Et bientôt vos amis ardents & furieux ,
De carnage & d'horreur vont remplir tous ces lieux.
Voulez-vous mettre en feu la ville infortunée,
Que votre amante habite , où votre amante eft
　　née ?
Laiffez-moi défarmer vos redoutables mains ,
Accordez à mes pleurs la grace des Romains ,
Et qu'il foit dit du moins de l'heureufe Tullie ,
Que le Dieu de fon cœur fut Dieu de fa Patrie.

CATILINA.

Ah , Madame , ceffez de vouloir m'abufer :
J'aimerois mieux vous voir conftante à m'accufer ,

Armer contre ma vie un Sénat qui m'abhore.
Quoi, c'eſt moi qu'on veut perdre, & c'eſt moi
    qu'on implore ?
Que dis-je ? C'eſt à moi que Tullie a recours,
Pour ſauver les cruels qui pourſuivent mes jours;
C'eſt pour eux, non pour moi, qu'elle verſe des
    larmes !
Et loin de m'arracher à leurs perfides armes,
Je la vois avec eux conſpirer à l'envi !
Rendez-moi donc l'honneur que vous m'avez ravi,
Si vous ne voulez pas que j'aille le défendre :
Mais en vain par vos pleurs on cherche à me ſur-
    prendre.
Et, ſur quoi votre amour prétend-il m'émouvoir ?
A-t-il dans votre cœur triomphé du devoir ?
Quoi, ſur le ſeul rapport d'un témoin mépriſable,
Sans rien examiner vous me croyez coupable,
Et ſans en exiger d'autre éclairciſſement,
Votre auſtere vertu ſacrific un amant ?
Cet exemple eſt ſi grand qu'il faut que je l'imite;
Plus vous m'attendriſſez, plus mon honneur m'in-
    vite
A m'immoler moi-même à ce que je me dois.
TULLIE.
Hé bien, cruel, adieu pour la derniere fois.

E iiij

CATILINA *seul.*

Que je me sens touché ! que mon ame est émûe !
Ah , que n'ai-je évité cette fatale vûe !
Mais j'apperçois Probus.

SCENE IV.

CATILINA , PROBUS.

PROBUS.

J E viens vous avertir
Que dès ce même instant, Seigneur, il faut partir ;
Tout s'arme contre vous , & le Sénat s'assemble.

CATILINA.

Qu'aurois-je à redouter d'un ennemi qui tremble ?
Je veux , à commencer par le plus fier de tous ,
Les voir dans un moment tomber à mes genoux ;
Et je vais les trouver.

PROBUS.

Quoi , seul & sans défense ?

CATILINA.

Aucun d'eux n'osera soutenir ma présence ;
Ainsi, ne craignez rien.

PROBUS.

Seigneur, y penſez-vous?
Songez que Romulus expira ſous leurs coups.
Je ne condamne point une noble aſſurance ;
Mais on n'en doit pas moins conſulter la prudence.
Plus le Sénat vous craint, plus il faut du Sénat
Craindre contre vos jours un ſecret attentat.

CATILINA.

Non, Probus, & je brave un péril qui vous glace.
Le ſuccès fut toujours un enfant de l'audace.
L'homme prudent voit trop, l'illuſion le ſuit,
L'intrépide voit mieux, & le fantôme ſuit ;
L'inſtant le plus terrible éclaire ſon courage,
Et le plus téméraire eſt alors le plus ſage.
L'imprudence n'eſt pas dans la témérité,
Elle eſt dans un projet faux & mal concerté :
Mais s'il eſt bien ſuivi, c'eſt un trait de prudence
Que d'aller quelquefois juſques à l'inſolence ;
Et je ſai, pour dompter les plus impérieux,
Qu'il faut ſouvent moins d'art que de mépris pour
   eux.
Adieu, dans un moment ils me verront paroître
En criminel qui vient leur annoncer un maître.

Fin du troiſiéme acte.

ACTE IV.

SCENE PREMIERE.

CICÉRON, CRASSUS, CATON ;
& le reste des Sénateurs.

CICÉRON.

ARbitres souverains de Rome & de ses Loix,
Qui parmi vos sujets comptez les plus grands
   Rois,
Je ne viens point ici, jaloux de votre gloire,
Briguer avec éclat le prix d'une victoire ;
Le Sort, à mes pareils prodiguant ses faveurs,
Me réservoit le soin d'annoncer des malheurs.
De mon amour pour vous tel est le premier gage,
Et de mon Consulat le funeste partage.
Tandis qu'enorgueillis par tant d'heureux travaux,
Vous pouviez méditer des triomphes nouveaux,
De la terre & des mers vous promettre l'Empire,
Un seul homme à vos yeux travaille à vous pros-
   crire.

Pourrai-je, sans frémir, nommer Catilina,
L'héritier des fureurs du barbare Sylla,
Lui que la cruauté, l'orgueil & l'insolence,
N'ont que trop parmi nous signalé dès l'enfance;
Lui qui toujours coupable, & toujours impuni,
Veut ce que n'eût osé l'Univers réuni,
Subjuguer les Romains? O, vous que Rome adore,
Et qui par vos vertus la soutenez encore,
Vous, l'appui du Sénat, & l'exemple à la fois,
Incorruptible ami de l'État & des Loix,
Parlez, divin Caton.

CATON.

        Et que pourrois-je dire
En des lieux où l'honneur ne tient plus son empire,
Où l'intérêt, l'orgueil commandent tour à tour,
Où la vertu n'a plus qu'un timide séjour,
Où de tant de Héros je vois flétrir la gloire?
Et comment l'Univers pourra-t-il jamais croire,
Que Rome eût un Sénat & des Législateurs,
Quand les Romains n'ont plus ni Loix, ni Séna-
    teurs?
Où retrouver enfin les traces de nos peres?
Dans des cœurs corrompus & des mœurs étran-
    geres.
Moi-même, qui l'ai vû briller de tant d'éclat,
Puis-je me croire encore un membre du Sénat?

Ah ! de vos premiers temps rappellez la mémoire ?
Mais ce n'eſt plus pour vous qu'une frivole hiſtoire.
Vous imitez ſi mal vos illuſtres ayeux ,
Que leurs noms ſont pour vous des noms injurieux.
Mais de quoi ſe plaint-on ? Catilina conſpire ?
Eſt-il ſi criminel d'aſpirer à l'Empire ?
Dès que vous renoncez vous-mêmes à regner ,
Un Trône , quel qu'il ſoit , n'eſt point à dédaigner.
Non , non , Catilina n'eſt pas le plus coupable ;
Voyez de votre état la chûte épouvantable ,
Ce que fut le Sénat , ce qu'il eſt aujourd'hui ,
Et le profond mépris qu'il inſpire pour lui.
Scipion , qui des Dieux fut le plus digne ouvrage ,
Scipion , ce vainqueur du Héros de Carthage ,
Scipion des mortels qui fut le plus chéri ,
Par un vil délateur ſe vit preſque flétri.
Alors la liberté ne ſavoit pas dans Rome
Du ſimple citoyen diſtinguer le grand homme.
Malgré tous ſes exploits , le vainqueur d'Annibal
Se ſoumit en tremblant à votre Tribunal.
Sylla vient , qui remplit Rome de funérailles ;
Du ſang des Sénateurs inonde nos murailles ;
Il fait plus , ce tyran , las de regner enfin ,
Abdique inſolemment le pouvoir ſouverain ;
Comme un bon citoyen meurt heureux & tranquile ,
En bravant le courroux d'un Sénat imbécile.

Qui charmé d'hériter de son autorité,
Éleva jusqu'au Ciel sa générosité,
Et nomma sans rougir pere de la Patrie,
Celui qui l'égorgeoit chaque jour de sa vie,
Si vous eussiez puni le barbare Sylla,
Vous ne trembleriez point devant Catilina;
Par-là vous étouffiez ce monstre en sa naissance,
Ce monstre qui n'est né que de votre indolence.

CRASSUS.

N'est-ce qu'en affectant de blâmer le Sénat
Que Caton de son nom croit rehausser l'éclat?
Mais il devroit savoir que l'homme vraiment sage
Ne se pare jamais de vertus hors d'usage.
Qu'aurions-nous à rougir des temps de nos ayeux,
Si ces temps sont changés, il faut changer comme
  eux,
Et conformer nos mœurs à l'esprit de notre âge.
Et qu'a donc perdu Rome à n'être plus sauvage?
Rome est ce qu'elle fut, ses changemens divers
Ont-ils de notre empire affranchi l'Univers?
Non, car ce fier Sylla, d'odieuse mémoire,
Même en l'asservissant combla Rome de gloire.
Mais c'est trop s'occuper de reproches honteux;
Importunes leçons d'un Censeur orgueilleux,
Qui se trompe toujours au zéle qui l'enflamme.
Que Caton à son gré nous méprise & nous blâme,

N'aurons-nous déſormais d'oracle que Caton,
Et les ſaintes frayeurs qui troublent Cicéron ?
Où ſont vos ennemis ? quel péril vous menace,
Un ſimple citoyen vous alarme & vous glace !
A percer ſes complots j'applique en vain mes ſoins,
Je vois plus de ſoupçons ici que de témoins.
On diroit à vous voir aſſemblés en tumulte,
Que Rome des Gaulois craigne encore une inſulte,
Et qu'un autre Annibal va marcher ſur leurs pas.
Où ſont des conjurés les chefs & les ſoldats ?
Les fureurs de Caton & ſon impatience,
Dans le ſein du Sénat ſemant la défiance,
On accuſe à la fois Cæpion, Lentulus,
Dolabella, Cæſar, & moi-même Craſſus.
Voyez de vos conſeils juſqu'où va l'imprudence,
On craint Catilina, cependant on l'offenſe :
Mais plus vous le craignez, plus il faut ménager
Un homme & des amis qui pourroient le venger.
Et quel eſt, dites-moi, le témoin qui l'accuſe ?
Une femme jalouſe & que l'amour abuſe,
Qui, ſur les vains ſoupçons d'une infidelité,
Veut ſurprendre à ſon tour votre crédulité ;
Qui, ſans pudeur, livrée à l'ardeur qui l'entraîne,
Invente des complots pour flatter votre haine ?
Si je plains l'accuſé, c'eſt parce qu'on le hait ;
Voilà le ſeul témoin qui prouve ſon forfait.

Car , la haine a souvent fait plus de faux coupa-
    bles
Qu'un penchant malheureux n'en fait de vérita-
    bles ;
Je dis plus , & quand même il seroit criminel ,
Faut-il , comme Caton , être toujours cruel ?
Dans son sang le plus pur voulez-vous noyer Rome ?
Songez qu'un seul remords peut vous rendre un
    grand homme ;
La rigueur n'a jamais produit le repentir ,
Ce n'est qu'en pardonnant qu'on nous le fait sentir.
Rome n'est plus au temps qu'elle pouvoit sans crain-
    dre
Immoler à la loi quiconque osoit l'enfraindre ;
D'ailleurs il est toujours imprudent de sévir ,
A moins qu'en sûreté l'on ne puisse punir.
De quatre légions qui campoient vers Preneste ,
Celle de Manlius est la seule qui reste ;
Quand le Sénat devroit punir Catilina ,
Êtes-vous assurés que quelqu'un l'osera ?
S'il échappe à vos coups , redoutez sa vengeance ;
Et des amis tout prêts d'embrasser sa défense.
A des projets nouveaux n'allez pas l'inviter
Par d'impuissans decrets qu'il sauroit éviter.
Pour l'intérêt public il faut qu'on lui pardonne ,
Et qu'à son repentir le Sénat l'abandonne.

CATON.

Si l'intérêt public décide de son sort,
Consul , qu'à l'instant même on lui donne la
    mort.

SCENE II.

CATILINA, & les acteurs de la scéne précédente.

[Catilina entre brusquement par le milieu du Sénat ,
qui se leve à son aspect ; un moment après chacun
reprend sa place.]

CATILINA.

LA mort ? A ce decret je crois me reconnoî-
    tre.

CATON.

Tu le devrois du moins puisqu'il regarde un traître.

CATILINA.

Je ne sai qui des deux , dans ce commun effroi ,
Rome doit le plus craindre ou de vous ou de moi ;
Je la sauve , & Caton la perd par un faux zéle.

CICÉRON.

Téméraire ! au Sénat quel ordre vous appelle ?

CATILINA.

CATILINA.

Et qui m'empêcheroit, Seigneur, de m'y montrer?
Sont-ce les ennemis que j'y puis rencontrer?
Je n'en redoute aucun, ni Caton, ni vous-même.

CICÉRON.

Quoi ! Vous joignez encore à cette audace extrême
Celle d'ofer paroître en armes dans ces lieux ?

CATILINA.

Que mes armes, Conful, ne bleffent point vos
    yeux :
Mais fur ce nouveau crime, avant que de répon-
    dre,
Souffrez, fur d'autres points, que j'ofe vous confon-
    dre.
Auriez-vous oublié que je vous l'ai promis ?
Quoi qu'à votre pouvoir vous ayiez tout foumis ;
J'efpere cependant qu'on daignera m'entendre ,
Et c'eft en Citoyen que je vais me défendre.
J'abdique pour jamais le rang de Sénateur ;
Pardonnez, Cæpion, Craffus, & vous, Prêteur ,
Antoine, à votre tour fouffrez que je vous nomme ,
Parmi les ennemis du Sénat & de Rome.
Céfar ne paroît point , mais je vois Cethegus ,
Il ne nous manque plus ici qu'un Spartacus ;
Car entre nous & lui , grace à fon imprudence ,
Le vertueux Caton met peu de difference.

E

Eh bien, Peres Conscripts, êtes-vous rassurés ?
Vous voyez d'un coup d'œil l'état des Conjurés,
Leurs chefs, & leurs soldats, cette nombreuse ar-
　　mée,
Dont Rome en ce moment est si fort alarmée,
Ces périls enfantés par les folles erreurs
D'un témoin dont Tullie adopte les fureurs ;
C'est sur ce seul témoin qu'une beauté si chere
Me croit dans le dessein d'assassiner son pere,
D'égorger le Sénat, & vous le croyez tous ?
Malheureux que je suis d'être né parmi vous !
Sylla vous méprisoit, & moi je vous déteste :
De nos premiers tyrans vous n'étes qu'un vil reste,
Juges sans équité, Magistrats sans pudeur,
Qui de vous commander voudroit se faire hon-
　　neur ?
Et vous me soupçonnez d'aspirer à l'Empire,
Inhumains, acharnés sur tout ce qui respire,
Qui depuis si long-temps tourmentez l'Univers ?
Je hais trop les tyrans pour vous donner des fers.

C A T O N.

A quoi te serviroit cette troupe cruelle
Que ton palais impur & vomit & recéle,
Qui le jour & la nuit semant par-tout l'effroi,
Ministres odieux de tes fureurs . . .

C A T I L I N A.

Tais-toi.

Il eſt vrai qu'autrefois plus jeune & plus ſenſible ,
Vous l'avez ignoré , ce projet ſi terrible ,
Vous l'ignorez encor , je formai le deſſein
De vous plonger à tous un poignard dans le ſein.
L'objet qui vous dérobe à ma juſte colere
Ne parloit point alors en faveur de ſon pere ;
Mais un autre penchant plus digne d'un Romain ,
M'arrache tout-à-coup le glaive de la main.
Je ſentis malgré moi l'amour de la Patrie
S'armer pour des cruels indignes de la vie.
Aujourd'hui que tout doit raſſurer les eſprits ,
Une femme en fureur les trouble par ſes cris ;
A ſes tranſports jaloux tout s'alarme , tout trem-
    ble ,
Et c'eſt pour les ſervir que le Sénat s'aſſemble !
C'eſt ſur ſes vains rapports qu'un homme impé-
    tueux
Veut perdre ce que Rome eut de plus vertueux ?
Orgueilleux Citoyen , dont l'auſtere ſageſſe
Eſt moins principe en lui qu'un fruit de ſa rudeſſe ;
Tyran Républicain , qui malgré ſa vertu ,
Eſt le plus dangereux que Rome ait jamais eu :
Par lui ſeul d'entre nous la concorde eſt bannie ;
C'eſt lui , qui du Sénat détruiſant l'harmonie ,
Fomente la chaleur de nos diviſions ,
Et nous force d'avoir recours aux factions :

F ij

Mais il veut gouverner; hé bien, qu'il vous gou-
    verne,
Qu'il triomphe à son gré d'un Sénat subalterne
Qui, lâche déserteur de son autorité,
N'en a plus que l'orgueil pour toute dignité.
Et quel est aujourd'hui l'ordre de vos Comices?
Le tumulte & l'effroi n'en sont que les prémices.
De chaque élection le meurtre est le signal,
Vos Prêteurs égorgés au pied du Tribunal,
Un Consul tout sanglant (mais trop juste victime)
D'un Peuple malheureux qu'à son tour il oppri-
    me.
Tous vos choix sont souillés par des assassinats;
Ainsi furent nommés vos derniers Magistrats :
C'est ainsi qu'on élit, ou que l'on fait exclure,
Et qu'on osa me faire une mortelle injure.
Le Plébéien s'éleve, & le Patricien
Se donne, sans rougir, un pere Plébéien;
Et pour l'adoption où l'intérêt l'entraîne,
Vous laissez profaner la Majesté Romaine.
Le voilà ce Sénat, ce protecteur des loix,
Dont l'exemple auroit dû diriger tous les Rois;
Le voilà ce Sénat qui fait trembler la terre,
Et qui dispute aux Dieux le dépôt du tonnerre.
La Justice, autrefois votre Divinité,
Ne regne plus ici que pour l'impunité;

La décence, les loix, la liberté publique,
Tout est mort sous le joug d'un pouvoir tyrannique;
Caton est devenu notre Légiflateur,
L'idole des Romains . . .

CICÉRON.

           Et vous le destructeur
Traître; fi le Sénat vous eût rendu juftice,
Vos jours n'auroient été qu'un éternel fupplice;
Mais fi je puis encor faire entendre ma voix,
Vous ne braverez plus la foibleffe des loix.

CATILINA.

Hé bien, pour achever de confondre un coupable;
Qu'on offre à mes regards ce témoin redoutable,
De vos foins pénétrans monument précieux,
Cette efclave qui peut me convaincre à vos yeux :
D'où vient qu'en ce moment vous me cachez Ful-
    vie?
Manlius auroit-il difpofé de fa vie?
Car elle fut toujours l'ame de fes fecrets.

CICÉRON.

Laiffons-là Manlius, parlons de vos projets;
On ne connoît que trop vos lâches artifices.
Tremblez, féditieux, pour vous, pour vos com-
    plices,
Vous étes convaincu, le crime eft avéré;
Déja fur votre fort on a délibéré;

Vos forfaits n'ont que trop lassé notre indulgen-
　　ce.

C A T I L I N A.

Je vais de ce discours réprimer l'insolence ;
Vous pensez , je le vois , que tremblant pour mes
　　jours
A des subtilités je veuille avoir recours.
Et qu'ai-je à redouter de votre jalousie ?
Ainsi ne croyez pas que je me justifie.
Imprudens ! Savez-vous , si j'élevois la voix ,
Que je vous ferois tous égorger à la fois ?
Instruit de votre haine & de mon innocence ,
Tout le peuple à grands cris m'excite à la ven-
　　geance ;
Mais (je n'imite pas les fureurs de Caton ,
Et je laisse la peur au sein de Cicéron.)
Je n'aurois , pour punir votre coupable audace ,
Qu'à vous abandonner au coup qui vous mena-
　　ce.
Sans m'armer contre vous d'un secours étran-
　　ger ,
Me taire encore un jour suffit pour me venger.
Et vous me condamnez ! insensez que vous êtes ,
Moi , qui retiens le fer suspendu sur vos têtes ;
Moi , qui sans me charger d'un projet odieux ,
N'ai qu'à laisser agir Manlius & les Dieux ;

Moi, qui pouvant me mettre à couvert de l'orage,
M'expofe pour fauver un Conful qui m'outrage ;
  [*montrant Cicéron.*]
J'ai caufé par malheur votre premier effroi,
Et dans tous les complots vous ne voyez que moi.
Il en eft cependant dont vous devez tous craindre :
Que vous étes aveugle , & que Rome eft à plain-
    dre !
Laiffons-là Manlius. Conful peu vigilant !
Tandis que Rome touche à fon dernier inftant ;
Qu'au plus affreux danger le Sénat eft en proie ;
Qu'on va faire de Rome une feconde Troye ?
Lorfque vous ne fongez qu'à me faire périr ,
Ingrats ! fur vos malheurs je me fens attendrir.
Je fens en ce moment l'amour de la Patrie
Reprendre dans mon cœur une nouvelle vie ;
Et votre aveuglement me fait trop de pitié ;
Pour vous facrifier à mon inimitié.

CICÉRON.

Et bien rompez , Seigneur, un fi cruel filence ;
Puniffez en Romain l'ingrat qui vous offenfe.
En faveur de vous-même ofez tout oublier ,
Et fauvez le fénat pour nous humilier.

CATILINA.

Je n'ai point attendu l'inftant du facrifice
Pour fervir ce Sénat qui m'envoye au fupplice ;

Depuis huit jours entiers j'assemble mes amis,
Les voilà ces complots que je me suis permis!
Mais malgré tous les soins d'une ame généreuse,
Ils m'ont fait soupçonner d'une trâme honteuse!
Armez sans differer, prévenez l'attentat,
Si vous voulez sauver la ville & le Sénat.
Celui qui hors des murs commande vos cohortes,
Manlius, dès ce soir, doit attaquer vos portes.

CICÉRON.

Manlius?

CATILINA.

Oui, Consul, craignez qu'avant la nuit
Aux dépens de vos jours on n'en soit trop instruit.
Je vous ai déclaré le chef de l'entreprise,
Veillez, ou de sa part craignez quelque surprise;
Je n'ai pû découvrir le reste du parti,
C'est à vous d'y penser, vous étes averti.
Manlius vous trahit; c'étoit pour vous défendre
Qu'en armes dans ces lieux j'étois venu me rendre,
Et non pour vous punir de m'avoir outragé;
En combattant pour vous je suis assez vengé.
Vous pouvez déformais ou douter ou me croire,
J'ai rempli mon devoir & satisfait ma gloire.
Mes amis sont tous prêts, vous pouvez les ar-
    mer,
Leur qualité n'a rien qui vous doive alarmer;

Vous

Vous les connoissez tous , songez au Capitole ,
Garnissez l'Aventin , les portes de Pouzolle ;
Il faut garder sur-tout le pont Sublicien ,
Le quartier de Caton , & veiller sur le mien ;
Car le plus grand effort de ce complot funeste
Éclatera sans doute aux portes de Preneste ,
Et mon palais y touche ; on peut s'y soutenir ;
Du moins un long combat pourra s'y maintenir.
Vous paroissez émûs , & rougissez peut-être
D'avoir pû si long-temps me voir sans me connoî-
    tre.
Après tant de mépris , après tant de refus ,
Tant d'affronts si sanglans , dont vous étes con-
    fus ,
Aurois-je triomphé de votre défiance ?
Non , j'en ai fait souvent la triste expérience ,
On ne guérit jamais d'un violent soupçon ;
L'erreur qui le fit naitre en nourrit le poison ;
Et dans tout intérêt la vertu la plus pure
Peut être quelquefois suspecte d'imposture :
Mais pour calmer les cœurs je sais un sûr moyen ,
Qui vous convaincra tous que je suis Citoyen.
On connoît Cicéron , & sa vertu sublime
A sû dans tous les temps lui gagner votre estime
Il en est digne aussi par sa fidelité.
Caton vous est connu par sa sévérité :

G

Cicéron ou Caton, l'un des deux, ne m'importe;
Je vais dès ce moment fans amis, fans escorte,
Me mettre en leur pouvoir. Choisissez l'un des
    deux,
Ou le plus défiant, ou le plus rigoureux;
Je veux que de mon fort on le laisse le maître,
Qu'il me traite en Héros, ou me punisse en traî-
    tre.
Souffrez que fans tarder je remette en ses mains
Un homme, la terreur ou l'espoir des Romains.

CATON.

Catilina, je crois que tu n'es point coupable;
Mais si tu l'es, tu n'es qu'un homme détestable;
Car je ne vois en toi que l'esprit & l'éclat
Du plus grand des mortels ou du plus scélerat.

CICÉRON.

Catilina, daignez reprendre votre place,
De vos foins par ma voix le Sénat vous rend gra-
    ce;
Vous étes généreux, devenez aujourd'hui,
Ainsi que notre espoir, notre plus ferme appui;
Nos injustes foupçons n'ont plus besoin d'ôtage,
D'un homme tel que vous la gloire est le feul
    gage.
Vous, Sénateurs, veillez à notre sûreté
Il s'agit du Sénat & de la liberté;

Courons fans différer où l'honneur nous appelle.
Adieu, Catilina, j'attends de votre zéle
Tous les fecours qu'on doit attendre d'un grand
    cœur ;
Rome a befoin de vous, & de votre valeur ;
Combattez feulement, ma crainte eft diffipée.

      CATILINA *regardant fortir Cicéron.*
Va, ma valeur bien-tôt fera mieux occupée ;
Elle n'afpire plus qu'à te percer le fein.

SCENE III.

CATILINA, CETHEGUS.

      CETHEGUS.
CAtilina, dis-moi quel eft donc ton deffein ?
D'où naît ce défefpoir ? éclaircis ma furprife.
Après avoir formé la plus haute entreprife,
Toi-même tu détruis de fi nobles projets,
Tu trahis Manlius, tes amis, tes fecrets ?
      CATILINA.
Arrête, Céthégus, tu me prends pour Tullie ;
Tes doutes ont bleffé l'amitié qui nous lie.
Qu'entre nous déformais ils foient plus mefurés ;
Mais avant tout, dis-moi l'état des Conjurés ;

Et s'il en est quelqu'un qui tremble ou qui balance....

CETHEGUS.

Aucun d'eux , nous pouvons agir en assurance :
Du sang de Nonius avec soin recueilli ,
Autour du vase affreux dont il étoit rempli ;
Au fond de ton palais j'ai rassemblé leur troupe ,
Tous se sont abbreuvés de cette horrible coupe ,
Et se liant à toi par des sermens divers ,
Sembloient dans leurs transports défier les Enfers.
De joie & de frayeur mon ame s'est émûe ;
César, le seul César s'est soustrait à leur vûe.

CATILINA.

César n'a pas besoin de sermens avec moi ,
Et son ambition me répond de sa foi.
Pour toi que de ma part rien ne devroit surprendre ,
Qui, sur un regard seul aurois dû mieux m'enten-
dre ,
Apprends que Manlius vouloit nous perdre tous ,
Et qu'un moment plus tard c'en étoit fait de nous.
Manlius autrefois soupira pour Fulvie ;
Corrompu par ses pleurs ou par sa jalousie ,
Le perfide couroit nous vendre à Cicéron :
Mais d'un dessein si lâche informé par Céson ,
Un instant m'a suffi pour prévenir le crime :
Ma main fumoit encor du sang de la victime ,

Quand tu m'as vû paroître au milieu du Sénat,
Qui pourra, (s'il apprend ce nouvel attentat,)
Croire qu'en sa faveur je l'ai commis peut-être,
Et que pour le gagner je l'ai défait d'un traître,
Au reste, ne crains rien des frivoles récits
Dont je viens d'effrayer de timides esprits,
Qu'il falloit exciter par de feintes alarmes ;
Si je veux les forcer de recourir aux armes,
Ne pouvant, sans nous perdre, armer un seul guer-
    rier,
Si le Sénat tremblant n'eût armé le premier.
Quel triomphe pour moi, dans ce péril extrême,
De le voir pour ma gloire armé contre lui-mê-
    me !
Des postes differens faussement indiqués,
Qui, selon mon rapport, pourroient être atta-
    qués :
Aucun ne me convient ; mais il faut par la ruse
Disperser les soldats d'un Sénat qu'elle abuse.
Prends garde cependant qu'à des signes certains
On puisse distinguer nos soldats des Romains.
Le palais de Sylla, notre plus fort azile,
Pourra seul, plus d'un jour, tenir contre la Vil-
    le.
Céson de Manlius devenu successeur,
Avec sa légion doit servir ma fureur.

G iij

Je ne crains que Ruffus , Préfet de fix cohortes ;
Pleines de Vétérans qui défendent les portes.
Ruffus n'a de foutien , ni d'amis que Caton ,
Et je n'ai convaincu ni lui , ni Cicéron.
Si Ruffus , dont je crains le courage & l'adreffe ;
Pénetre les complots où Céfon s'intéreffe ,
Ruffus tentera tout , la force ou les bienfaits ,
Pour regagner Céfon , ou tromper fes projets :
C'eft l'unique moyen de tromper notre attente ;
Mais ce péril nouveau n'a rien qui m'épouvante.
Les dangers que pour moi j'ai laiffés entrevoir,
Malgré tant d'ennemis me flattent de l'efpoir
Qu'en des piéges nouveaux je pourrai les furpren-
    dre.
Soit pour s'en emparer , ou foit pour le défendre ,
Autour de mon palais ils vont tous accourir ;
Que ce foit pour ma perte ou pour me fecourir ,
Nos premiers Sénateurs viendront le reconnoître ,
Cicéron & Caton s'y trouveront peut-être.
Que ce moment me tarde ! & qu'il me feroit doux
De pouvoir d'un feul coup les facrifier tous !
Adieu , cher Céthégus , je vais revoir Tullie.

        C E T H E G U S.

C'eft elle qui nous perd.

        C A T I L I N A.

        Crois-tu que je l'oublie !

Je veux, pour l'en punir, employer à mon tour,
Aux plus noirs attentats ses soins & son amour.
Va, ce n'est point à moi, dès qu'il s'agit d'offen-
    se,
Que l'on doive donner des leçons de vengeance ;
De ce soin, sur mon cœur tu peux te reposer ;
C'est aujourd'hui qu'il faut tout perdre & tout
    oser.
Je vais solliciter la défense des portes,
Et l'ordre d'y placer de nouvelles cohortes ;
Sur le prétexte vain de quelqu'affreux projet ;
Dont je puis avoir seul pénétré le secret :
Ce n'est pas tout, je veux, par Tullie elle-même ;
M'assurer cet emploi s'il est vrai qu'elle m'aime,
Sur ce fatal decret je vais la prévenir ;
C'est de son amour seul que je veux l'obtenir.
Dans trois heures au plus le jour va disparoître ;
Des postes d'alentour il faut te rendre maître.
Probus ne m'a fait voir qu'un esprit chancelant ;
Prévenons les retours d'un Conjuré tremblant,
Et de la même main songe à punir Fulvie,
De ses forfaits nouveaux & de sa perfidie :
Plus de ménagemens, de pitié ni d'égards,
Le feu, le fer, le sang, voilà mes étendards ;

Fin du quatriéme acte.

G iiij

ACTE V.

SCENE PREMIERE.

CICÉRON *seul.*

CAton ne paroît point , & la nuit qui s'a-
    vance ,
Accroît à chaque inftant l'horreur qui la devan-
    ce ;
Pétréius invité de hâter fon retour ,
Ne peut plus arriver avant la fin du jour ;
Et ce jour malheureux étoit le feul , peut-être ,
Qui pouvoit me flatter de triompher d'un traître ;
Plus fur fon innocence il a crû m'abufer ,
Plus mon cœur défiant s'obftine à l'accufer.
Je fai qu'à Manlius il vient d'ôter la vie ;
C'eft pour mieux m'éblouir qu'il nous le facrifie.
Trop heureux , fi je puis à mon tour lui cacher
Le péril du decret qu'il vient de m'arracher !
Mais nous fommes perdus fi jamais il devine
Qu'en fecret par Céfon je trame fa ruine.

Des piéges qu'on lui tend habile à se venger,
Il en feroit sur moi retomber le danger.
Ruffus m'assure en vain d'une longue défense,
Céson est désormais mon unique espérance.
Quelle honte pour vous, indomptables Romains,
De n'avoir pour appui que de si foibles mains !
O toi qu'en ses malheurs Rome toujours implore,
Et que sans te nommer en secret elle adore,
Toi, qui devois un jour couronnant ses exploits,
Soumettre à son pouvoir les Peuples & les Rois,
Daigne aujourd'hui, du moins, favorable génie,
La sauver de l'opprobre & de la tyrannie !
Caton ne revient point, je crains que son ardeur,
Plus loin que je ne veux, n'entraîne son grand cœur :
Mais je le vois, c'est lui. Quoi, vous êtes en ar-
     mes ?
Venez-vous redoubler, ou calmer nos alarmes ?

SCENE II.

CICÉRON, CATON.

CATON.

JE voudrois vainement, dans ce désordre affreux,
Vous promettre, Consul, quelque succès heureux ;

Le destin du Sénat est d'autant plus terrible ;
Que la main qui nous frappe est encor invisible ;
Victorieux, vaincu, j'ai combattu long-temps
Sans pouvoir reconnoître un seul des combattans.
Nos soldats étonnés, peu touchés de leur gloire,
N'ont plus ce noble orgueil garand de la victoi-
　　re.
J'ai vû, non sans frémir, nos premiers Vétérans
Muets, intimidés, abandonner les rangs :
La nuit achevera bientôt de tout confondre ;
Et Ruffus de Céson n'ose plus me répondre.
Si Pétréius enfin ne vient nous secourir,
Il ne nous restera que l'honneur de mourir ;
Mais, si nous en croyons les lenteurs de Pompée ;
Notre attente sur lui sera toujours trompée ;
Son Lieutenant nourri dans cet abus fatal,
N'imitera que trop ce tiéde Général ;
Cependant il est temps que Pétréius arrive ;
La chaleur du combat ne peut être plus vive.
Le fier Catilina revêtu d'un emploi
Dont vous avez voulu le charger malgré moi,
Sur le frivole espoir de pouvoir le surprendre,
Dans les piéges nouveaux que vous croyiez lui ten-
　　dre,
　　L'adroit Catilina vous aura pénétré ;
　　Aux portes de Préneste il ne s'est point montré,

L'intrépide Ruffus, qui s'en eſt rendu maitre,
A ce poſte du moins ne l'a point vû paroître,
Et je crains qu'il ne ſoit au palais de Sylla,
Car j'en ai vû ſortir Célius & Sura.
Pomponius, ſuivi d'une troupe fidéle,
L'inveſtit, & pour vous rien n'égale ſon zéle;
Il a fait mettre aux fers, ſur l'avis de Céſon,
Pluſieurs ſéditieux, les Gaulois & Sunnon;
Soit haine, ſoit mépris, deſſein ou négligence,
L'indifferent Craſſus garde un honteux ſilence:
Céſar ſe taît auſſi, quel qu'en ſoit le ſujet,
Rien n'eſt ſi dangereux que Céſar qui ſe tait;
Cependant ſon palais dans une paix profonde,
Eſt, ſelon ſa coutume, ouvert à tout le monde;
La moitié du Sénat défend le champ de Mars,
Où le peuple en fureur accourt de toutes parts;
Rome enfin n'offre plus que l'effroyable image
D'un champ couvert de morts & ſouillé de carnage:
Mais ce qui me ſurprend, c'eſt que Pomponius
M'a dit qu'en aucun lieu l'on n'a vû Manlius.

CICÉRON.

Manlius ne vit plus.

CATON.

Dieux, quel bonheur extrême!
Qui l'a donc immolé?

CICÉRON.

Catilina lui-même.

CATON.

Conful, vous m'alarmez, & je crains que Céfon
N'abufe comme vous d'un injufte foupçon:
Gardons-nous d'attaquer un homme impénétrable,
Qu'il faut craindre encor plus innocent que cou-
pable.

CICÉRON.

Caton, écoutez moins cette rare candeur.
Hé qui de tant de maux pourroit être l'auteur?
Qui, hors Catilina, peut vouloir nous détruire?
A de fauffes lueurs vous laiffez-vous féduire?
Que Manlius foit mort, qu'il l'ait facrifié,
C'eft prouver feulement qu'il s'en eft défié.
Je ne vois dans ce coup que le meurtre d'un traî-
tre
Qu'un autre a prévenu dans la crainte de l'être.
Plût aux Dieux, que moins lent à punir fes forfaits,
Du chef des Conjurés Céfon nous eût défaits!
Si de quelques fuccès fon audace eft fuivie,
Ses cruautés n'auront de bornes que fa vie.
Des infâmes complots formés par Céthégus,
Ne voudriez-vous pas excepter Lentulus?
Bientôt jufque fur vous leur fureur va s'étendre;
Mais c'eft trop s'arrêter.

CATON.

Conful, daignez attendre.

Je ne souffrirai point qu'abandonnant ces lieux
Vous osiez exposer des jours si précieux.
C'est votre ami, c'est moi qui vous en sollicite;
De Chevaliers Romains une troupe d'élite,
Par mon ordre bientôt va se rejoindre à nous,
Permettez qu'avec eux je combatte pour vous.
Mais je vois Lucius, que vient-il nous apprendre?

SCENE III.

CICÉRON, CATON, LUCIUS.

LUCIUS.

QU'à l'instant près de vous Pétréius va se ren-
    dre;
J'entends déja son nom voler de toutes parts,
Et déja ses soldats ont bordé les remparts.
Sans le secours heureux que le Ciel nous envoie,
Aux plus cruelles mains Rome alloit être en proie.
Nous avons vû trois fois le fier Catilina
S'élancer en fureur du palais de Sylla,
Renverser, foudroyer nos plus fermes cohortes,
Trois fois, mais vainement, il a tenté les portes:
Je l'ai vû presque seul se mêler parmi nous,
J'ai vû Céson lui-même expirer sous ses coups:

De qui l'ose attaquer la ruine est certaine,
Et Ruffus contre lui ne se soutient qu'à peine.
Seigneur, il m'a chargé de vous en avertir.

CATON.

Je vois nos Chevaliers, il est temps de partir.

SCENE IV.

CICÉRON, CATON, TULLIE.

TULLIE.

SEigneur, où courez-vous, tandis que le car-
    nage
Au soldat furieux laisse à peine un passage?

CICÉRON.

Rassurez-vous, ma fille, & restez en ces lieux,
Bientôt nous reviendrons y rendre grace aux Dieux;
Ce Temple, en attendant, vous servira d'azile,
Que sur Rome & sur moi votre cœur soit tran-
    quille.

SCENE V.

TULLIE *seule*.

Espoir des malheureux ! Dieux, soyez mon
    recours :
Hélas ! c'est de vous seuls que j'attens du secours.
A quel excès de maux me voilà parvenue !
On me fuit, on se tait : ô soupçon qui me tue !
Que je crains les malheurs de ce fatal decret,
Que mon pere a paru m'accorder à regret !
Loin d'oser sur ce choix lui faire violence,
Ne devois-je pas mieux pénétrer son silence ?
J'entends avec fureur nommer Catilina ;
On dit qu'il se retranche au palais de Sylla
Tandis qu'en d'autres lieux il auroit dû paroî-
    tre :
Est-ce là, s'il m'aimoit, que l'ingrat devroit être ?
Peut-il m'abandonner en cette extrémité ?
Quel usage fait-il de sa fidélité ?
Aucun de ses amis n'accourt pour ma défense,
Et tous, jusqu'à Probus, évitent ma présence !
D'un funeste decret, n'aurois-je armé sa main
Que pour voir immoler jusqu'au dernier Romain ?

Cruel Catilina , foit perfide ou fidéle ,
Que tu coûtes de pleurs à ma douleur mortelle !
Que dis-je ? & Manlius qu'il a facrifié ,
Ne l'a-t-il pas déja plus que juftifié ?
Ne l'aimerai-je donc que pour lui faire outrage !
Dieux , éloignez de moi cet horrible nuage !
On vient , c'eft lui : je fens redoubler mon effroi !

SCENE VI.

CATILINA *fans épée , un poignard à la main* , TULLIE.

TULLIE.

SEigneur , en quel état vous offrez-vous à moi ?
Quoi , tout couvert de fang. Quel défordre effroya-
ble !
A qui réfervez-vous ce fer impitoyable ?
Que vois-je !

CATILINA.

Un malheureux qui vient d'être vaincu ,
Honteux de vivre encor , ou d'avoir tant vécu.
Dieux , qui m'abandonnez à mon fort déplorable !
Ramenez-moi du moins l'ennemi qui m'accable.
Envain pour le chercher j'échappe à mille bras ,
Le lâche à ma fureur ne s'expofera pas ,

Tandis

Tandis qu'au défefpoir mon cœur eft tout en
  proye,
Mes cruels ennemis fe livrent à la joye !
Ce fer que je gardois pour leur percer le flanc ;
Ne fera plus fouillé que de mon propre fang.

TULLIE à part.

Fatale vérité que j'ai trop combattue,
De quel affreux éclat viens-tu frapper ma vûe !
Ecoutez-moi, Seigneur, & reprenez vos fens ;
Qui peut vous arracher ces terribles accens ?
Si vous êtes vaincu, mon pere eft donc fans vie ?

CATILINA.

Hé fait-il feulement qu'on meurt pour la patrie ?
Ce n'eft pas vous, c'eft lui que je cherche en ces
  lieux ;
Fuyez, éloignez-vous d'un amant furieux.
Dieux, après tant d'exploits dignes de mon cou-
  rage,
Il ne me reftera qu'une inutile rage !
Ah, fi j'euffe manqué de prudence ou de cœur,
Je pourrois au Deftin pardonner mon malheur.
Mais que n'ai-je point fait dans ce moment terri-
  ble ?
Et que falloit-il donc pour me rendre invincible ?
Intrépides amis dignes d'un fort plus doux,
Vous êtes morts pour moi, j'ofe vivre après vous.

H

Quoi ! Sylla presque seul, plus heureux que grand
    homme,
N'eut besoin que d'un jour pour triompher de
    Rome ;
Et moi triste jouet du perfide Céson,
Je suis vaincu deux fois, & par toi, Ciceron !
Quoi, dans le même instant qu'il faut que Rome
    tombe,
C'est toi qui la soutiens, & c'est moi qui succom-
    be :
Mon genie accablé par ce vil Plébéien
Sera donc à jamais la victime du sien !
Après m'avoir ravi la dignité suprême,
Ce timide mortel triomphe de moi-même !
Fortune des héros, ce n'est pas sur les cœurs
Que l'on te vit toujours mesurer tes faveurs ;
Que l'on doit mepriser les lauriers que tu donnes,
Puisque c'est Ciceron qu'aujourd'hui tu couronnes!
O ! de mon désespoir, vil & foible instrument,
Tu me restes donc seul dans ce fatal moment ?
Mes généreux amis sont morts pour ma deffense
Et pour comble d'horreurs je mourrai sans ven-
    geance.
Dieux cruels, inventez quelque supplice affreux,
Qui puisse être pour moi plus triste & plus honteux.

TULLIE.

Malheureux, que dis-tu ? Quand la mort t'envi-
ronne,
Ton cœur respire encor le fiel qui l'empoisonne ;
Et gemit de laisser des crimes imparfaits ?

CATILINA.

Qu'entends-je ! On m'ose ici reprocher des forfaits !
Cœur foible, qui rampant sous de lâches maximes,
Croyez l'ambition une source de crimes.
Vaine erreur qu'un grand cœur sut toujours dédai-
gner ;
Apprenez que le mien étoit fait pour regner.
Rome esclave, sans frein, avoit besoin d'un maître,
J'ai voulu lui donner le seul digne de l'être,
C'est moi ; si vous osez condamner ce projet,
Vous ne méritiez pas d'en devenir l'objet.
N'auriez-vous pas voulu, pour gouverner l'Empire,
Que j'eusse de Caton consulté le délire,
Ou que faisant un choix plus conforme à vos vœux,
J'eusse, pour avilir tant d'hommes généreux,
Donné ma voix au Dieu que le Sénat révere,
Lui, dont la seule gloire est d'être votre pere ?

TULLIE.

Songez qu'il est du moins l'arbitre de vos jours,

CATILINA *montrant son poignard.*

Voilà celui qui doit décider de leur cours.

Tout vaincu que je fuis craignez de voir paroître
Cet arbitre nouveau qu'on me donne pour maître.

TULLIE.

Ecoutez-moi , cruel ! avant que la fureur
Acheve d'aveugler votre indomptable cœur ;
Les momens nous font chers , & celui - ci , peut-
  être ,
Va flétrir fur l'airain le jour qui vous vit naître.
Encor , fi dans les champs où préfide l'honneur ,
Où le vaincu fouvent peut braver le vainqueur ,
Je vous voyois chercher une forte de gloire ,
Je pourrois fans rougir chérir votre memoire.
Mais fe donner la mort pour de honteux complots ?
Eft-ce donc là mourir de la mort des héros !
Je devrois vous hair , mais votre mort prochaine
Eteint tout fentiment de vengeance & de haine ;
Mon cœur de fes devoirs autrefois fi jaloux ,
Qui malgré tout l'amour dont il brûloit pour vous ;
Se fit de votre perte un devoir légitime ,
Ne fait plus aujourd'hui que pleurer fa victime.
Barbare ! fi jamais vous fûtes mon amant ,
Si la mort vous paroît un favole tourment,
Craignez-en un pour vous plus cruel , c'eft moi-
  même ;
C'eft une amante en pleurs qui vous perd & vous
  aime ,

C'eſt ma douleur qui va me conduire au tombeau ;
Voulez-vous en mourant devenir mon bourreau ?
Reconnoiſſez ma voix, c'eſt la fiere Tullie
Que l'amour vous raméne & vous reconcilie,
Qui veut vous arracher à votre déſeſpoir,
Et qui ne rougit plus de trahir ſon devoir.
Songez, Catilina, que Rome eſt votre mere,
Qu'à vous plus qu'à tout autre elle doit être chere ;
Renoncez à l'orgueil de vouloir mettre aux fers
Un peuple à qui les Dieux ont ſoumis l'univers ;
Pour ſauver votre honneur n'employez d'autres ar-
     mes
Qu'un retour vertueux, vos remords & mes larmes ;
Jurez-moi que jamais vous ne teindrez vos mains
De votre propre ſang, ni du ſang des Romains.
Je vais vous dérober au coup qui vous menace,
Ce que j'ai fait pour Rome obtiendra votre grace.

CATILINA.

Ma grace eſt dans mes mains, cœur indigne du
     mien,
Ciceron vous a-t-il déja tranſmis le ſien ?
Moi fléchir, moi prier, moi demander la vie !
L'accepter ce ſeroit me couvrir d'infamie.

TULLIE.

Et bien, cruel, mépriſe un pardon généreux ;
J'y conſens, mais du moins dans ton ſort malheu-
     reux ,

De la part d'une amante accepte une retraite.
CATILINA.

M'y pourriez-vous cacher ma honte & ma défaite?
C'eſt-là le trait cruel qui déchire mon cœur.
Ah ! s'il vous touche encor reſpectez mon malheur,
Si de vous obéïr ce cœur étoit capable,
J'aurois trop mérité le deſtin qui m'accable.
Dans l'état où je ſuis, loin de vous attendrir,
C'eſt vous qui devriez m'exciter à mourir,
Et même me prêter une main généreuſe.
Cachez à mes regards cette douleur honteuſe ;
Que craignez-vous ? Ma mort ? La mort n'eſt qu'un
    inſtant
Que le grand cœur deffie & que le lâche attend.
Vous m'indignez. Je ſens que ma raiſon s'égare.
TULLIE.

Frappe ; mais malgré toi tu me ſuivras, barbare,
Ne crois pas m'effrayer par tes emportemens,
Je ne me connois plus dans ces affreux momens;
Quoi, c'eſt Catilina qui manque de conſtance !
Malheureux, qu'attends-tu ſans armes, ſans deffen-
    ſe ?
Le Senat va bientôt revenir en ces lieux,
Veux-tu que je te voye égorger à mes yeux.
Ingrat, ſuis-moi, du moins une fois en ta vie,
Reconnois par pitié l'empire de Tullie;

Tu n'as que trop bravé sa tendresse & ses pleurs,
Prêtes-moi ce poignard.

CATILINA *se perce & donne le poi-*
gnard à Tullie.

Le voîià.

TULLIE.

Je me meurs.

CATILINA.

Tout est fini pour moi, mais si je perds la vie,
Du moins mes ennemis ne me l'ont point ravie;
Seichez vos pleurs, Tullie, & que prétendez-vous
D'un cœur dont la mort seule éteindra le courroux;
Etouffez des regrets que ma fierté dédaigne,
C'est de mourir vaincu qu'il faut que l'on me plaigne,
[*Voyant arriver les conjurés qu'on méne au supplice.*]
Voici le dernier coup que me gardoit le sort.

SCENE DERNIERE.

CATILINA, CICERON, CATON, TULLIE, LENTULUS, CETHEGUS, les Licteurs.

CETHEGUS *en passant, avant que le*
Consul paroisse.

A Dieu, Catilina, nous allons à la mort.

CATILINA.

Amis infortunés, ma main vient de répandre
Ce sang que j'aurois dû verser pour vous deffendre ;

[*Voyant paroître Ciceron & Caton.*]

Il ne me restoit plus pour comble de douleur
Que d'expirer aux yeux de mon lâche vainqueur.

[*à Ciceron.*]

Approche Plebéïen, viens voir mourir un homme
Qui t'a laissé vivant pour la honte de Rome :

[*à Caton.*]

Et toi dont la vertu ressemble à la fureur,
Au gré de mes desirs tu feras son malheur ;
Cruels qui redoublez l'horreur qui m'environne,

[*Il fait un mouvement pour se lever.*]

Qu'heureusement pour vous la force m'abandonne !
Mais croyez qu'en mourant mon cœur n'est point
　　changé ;
O Cesar, si tu vis je suis assez vengé.

F I N.

DISCOURS
ACADÉMIQUES.

Monsieur DE CREBILLON *ayant été élu par Messieurs de l'Académie Françoise, à la place de M.* DE LA FAYE, *y prit séance le Jeudy* 27. *Septembre* 1731. *& prononça le Remerciment qui suit.*

REMERCIMENT.

MUSE, voici le jour si long tems attendu,
Jour, dont aucun espoir ne m'annonçoit l'Aurore;
Jour heureux, qui pour nous ne luiroit pas encore,
Si de nos seuls succez sa course eût dépendu.
Muse, vous le voyez; une Troupe immortelle
Daigne vous partager ses honneurs, ses emplois:
Parlez; & s'il se peut justifiez son choix:
Mais ne prononcez rien qui ne soit digne d'Elle.

Appollon, ç'est ici que tu dois m'avoüer,
Puisque ta voix m'appelle au Temple de Mémoire;
Je ne demande rien qui ne soit à ta gloire,
Ce sont tes Favoris que je voudrois loüer;
Aucun fiel n'a jamais empoisonné ma plume.

Ferois-je pour chanter des efforts superflus ?
Dieu des Vers , aux rayons dont brillent tes Elûs
Souffre pour un moment que mon feu se rallume.
Je les vois tous couverts de ces rayons divins ;
Dans leurs mains chaque jour tu déposes ta Lyre ;
Ma Muse , un jour de gloire est un jour de délire ;
Sers mon audace , & prens la Lyre dans leurs mains.

Téméraire arrêtez , & respectez Minerve ;
Elle a , comme Appollon , ses Autels en ces lieux ;
La raison y préside , & son front sérieux
Se rideroit aux traits d'une indiscrete verve.
Je la vois qui déja blâme nos vains efforts ;
Puisque du moindre excez sa dignité s'offense.
Muse ne célébrons que ma reconnoissance :
La Raison elle-même avoüera nos transports.

Mais, quel éclat nouveau tout à coup m'environne,
Sommes-nous sur l'Olympe , ou dans le champ de
     Mars ?
Quel charme vient d'unir soûs mêmes étendars
Les Enfans des neuf Sœurs aux Enfans de Bellonne !
Pourpres, Mîtres & Croix, Mars, Neptune & Thémis,
Tout se confond ici , s'allie & s'humanise ;
Sans orgueil avec moi le Héros fraternise ,
Et je ne crois plus voir qu'une Troupe d'amis.

Ame de Richelieu, contemple ton ouvrage,
Qui doit ainsi que toi percer la nuit des Tems :
Ces Illustres Mortels, sans cesse renaissants,
Comme pour t'assurer un éternel hommage.
Dans l'Art de gouverner moins Ministre que Roi,
L'Univers, en tremblant, adora ton génie ;
Tout plia devant toi dans le cours de ta vie ;
Tu soûmets l'avenir, & régnes après toi.

Cependant il n'est plus, ce Mortel si celebre,
Qui fit trembler Thétis & le fier Dieu de l'Ebre.
Quelle éclypse pour vous ! Et quel astre nouveau
Pouvoit ici du jour ramener le flambeau ?
Mais en Sujets la France aussi riche que Rome,
En même-tems regrette & produit un grand hom-
      me.
Armand. vous laissoit-il l'espoir d'un Successeur?
Il apparut, cueillit ce sublime héritage ;
Et sur Armand Seguier eut même un avantage,
Du plus grand des Mortels il fut le précurseur.

LOUIS, ô nom chéri ! Souverain adorable,
Des caprices du Sort éxemple mémorable,
A tes Mânes sacrez nous n'offrons plus de fleurs
Que nos regrets profonds n'arrosent de nos pleurs.
Vous qui l'avez suivi de victoire en victoire,

A la fois compagnon & témoin de sa gloire,
Qui de tout votre sang fcûtes la consacrer,
Guerrier, qui mieux que vous pourroit la celebrer?
Quel Roi mérita mieux une augufte loüange?
De dons & de vertus quel précieux mélange?
C'étoit après les Dieux, l'ame de l'Univers.
Roi, grand par fes exploits, plus grand par fes revers
La mort termine envain fon illuftre carriére.
Ce Demi-Dieu mortel reffemble à la lumiere
Qui prend de nouveaux feux dans l'ombre de la
    nuit;
Et femble encor s'accroître, au moment qu'elle fuit.

    France, confole-toi; LOUIS vient de renaître:
Des Hommes tels que lui peuvent-ils ceffer d'être?
Dignè Thrône d'un Roi fameux par fes travaux,
On diroit que le Ciel te doive des Héros:
Que le Sang des Bourbons, Tige heureufe & fécon-
    de,
Doive dans chaque enfant donner un Maître au
    Monde.
François, loin de gémir fous d'odieufes loix,
Vous retrouvez toûjours vos Peres dans vos Rois.
Votre bonheur conftant ne dépend point des Par-
    ques.
A peine vous perdez le plus grand des Monarques,

Qu'un autre, jeune encor, fait briller des vertus,
Que Rome à quarante ans admiroit dans Titus.
Juste, clément, pieux, son austére jeunesse
Semble déja dicter les loix de sa vieillesse.

Un Ministre attentif, prudent, Religieux,
Fuyant des vains lauriers l'éclat ambitieux,
Qui sçait, du bien public sage dépositaire,
User, en Citoyen, du pouvoir arbitraire,
Aigle de Jupiter, mais ami de la Paix
Il gouverne la foudre, & ne tonne jamais.
LOUIS, c'est mériter l'Empire de la Terre,
Que sçavoir dignement confier son tonnerre.

Tu crains, après ces noms, de reparoître au jour,
LA FAYE; & que crains-tu ? C'est ici ton séjour.
Viens t'y montrer paré de ces graces naïves,
Qu'Appollon dans tes Vers semble tenir captives.
De ton génie heureux prêtes-moi la douceur.
Viens toi-même établir ton foible Successeur·
De combien d'agréments ta raison fut ornée !
Sur quels objets encor parut-elle bornée ?
Le goût du vrai, du beau, Censeur ingénieux,
Qui sans humilier, montroit à faire mieux ;
Le Sel Athénien, l'Urbanité Romaine ;
Tour à tour Lélius, Malherbe ou la Fontaine ;
Aimable paresseux plongé dans le loisir,

Quel n'eût-il pas été ? Mais fa Mufe volage
Parmi tant de talens qui n'avoit qu'à choifir,
Aimoit trop de l'efprit le doux libertinage.
Quelle perte pour vous ! Quelle honte pour moi !
Apollon, je me tais, j'efpérois mieux de toi.
Il faut plus de grandeur, quand l'audace eft extrème.
Sur ta foi j'ai fuivi mon orgueilleux projet :
Tu ne te plaindras pas du moins de mon Sujet ;
Et tu me le fais croire au-deffus de toi-même.

ELOGE
DE M. LE MARESCHAL
DE VILLARS,

Prononcé dans l'Académie Françoise,
le 9. Décembre 1734.

IL n'eſt plus ce Guerrier dont nos derniers mal-
    heurs
Ont immortaliſé la Prudence & les Armes,
Peuples, dont ſa valeur diſſipa les allarmes,
Elevez-lui du moins un Tombeau dans vos cœurs·
Toy*, dont le nom préſide au Temple de Mémoire,
Nom, par tant de Vertus à jamais conſacré,
Nom fameux & toûjours foiblement célébré,
Malgré ce que nos Chants ont redit de ta gloire,
LOUIS, deſcends des Cieux, parois ſur ces Autels,
Que la Terre a dreſſés au plus grand des Mortels;
Ce fut toy: Viens placer dans ce Temple où tu
    regnes,

Un Guerrier, qui souvent eut part à tes exploits,
Qui par tant de travaux justifia ton choix,
Et qui sçut, d'un seul coup, relever nos Enseignes.
Dans ces tems où ton Peuple osa trembler pour toy.
Ces jours marqués de sang, où le Sort infidele
Eprouvoit ton grand cœur pour en faire un Modele,
Ce Guerrier seul flechit les Destins de son Roy;
Les força de rentrer dans cette obéïssance
Qui les tint si long-tems soumis à ta puissance.
Il ne lui restoit plus, après tant de hauts faits,
Après tant de Remparts qu'il reduisit en poudre,
Qu'à porter aux vaincus l'Olivier de la Paix,
De cette même main dont il lançoit ta foudre.
Capitaine, Ministre & Soldat tour à tour,
Devoüant à son Roy tous les tems de sa vie,
L'Estat, le Cabinet, les Champs de Mars, la Cour,
Partagerent son Cœur sans lasser son genie.
Quels périls pour LOUIS, n'a t'il pas affrontés!
Combien pour nous venger en a t-il surmontès!
Aucun n'a triomphé de sa valeur suprême:
Ces Foudres que l'airain fait voler dans les airs,
Ces Foudres inconnus à Jupiter lui-même,
N'étoient pour ce Héros que de foibles éclairs;
On eût dit, à le voir poursuivre la Victoire,
Qu'ils brilloient seulement pour annoncer sa Gloire.
LOUIS, à ce portrait, tu reconnois VILLARS,

Cet Eleve, ou plûtôt ce fier Rival de Mars,
Et peut-être le tien : Son Ame généreuse,
(Quoy qu'il n'eût que toy seul pour but de ses Tra-
        vaux ,)
De toutes les Vertus étoit ambitieuse,
Et les tiennes, sans doute, ont formé ce Héros :
Fridelingue, Denain, Batailles memorables,
Quels Succès glorieux m'offrez-vous à chanter ?
Vous même, Lieux cruels, mais pour nous hono-
        rables ,
Où la Mort sur ses jours osa presque attenter,
Les Lauriers de VILLARS sur vos Champs re-
        doutables
N'ont'ils aucun éclat que nous puissions vanter ?
Cependant, quels Exploits viendroient se presenter
Au seul ressouvenir de ces Tems déplorables !
Déja tous nos honneurs étoient évanoüis,
L'Estat sur son déclin, défaite sur défaite ,
(C'étoit alors le tems des revers de LOUIS !)
Nos Soldats accablés de honte & de disette ,
De desespoir peut-être autant que de langueur ;
Hommes quant aux Besoins , François pour la va-
        leur ,
Leur Chef, d'un coup d'œil , reveille leur audace ,
Tous s'offrent en Héros au coup qui les menace ;
Et VILLARS qui bravoit la Mort & le Destin ,
Appelle

Appelle tout fanglant, l'Ennemi vers Denain.
C'eft-là que ce vengeur de la Seine & de l'Ebre
Fit voir qu'à Malplaquet il n'avoit furvécu
Que pour rendre à Denain fa valeur plus celébre,
Et qu'un Foudre de moins, EUGENE étoit vaincu.
Ainfi de nos Deftins fixant la violence,
VILLARS humilia de fuperbes Vainqueurs,
Fit revivre en un jour leurs anciennes terreurs,
Vengea fon Roi, foi-même & rétablit la France.
Tel & plus grand encor les Alpes l'ont revû,
(Non pas jeune, & tenté d'un fortune illuftre,
Au comble des honneurs il étoit parvenu)
C'étoit VILLARS bravant fon dix feptiéme luftre,
Le premier des François, fortuné, glorieux
Qui pouvoit, de tous foins exempt par fa vieilleffe *
Borner tous fes devoirs aux Confeils précieux *
D'un Chef dont les travaux ont formé la fageffe.
Et quelle gloire encor pouvoit flatter VILLARS,
Ou relever l'éclat d'une fi belle vie ?
Mais VILLARS étoit né pour fervir fa Patrie
Et pour trouver la mort dans les champs des Céfars.
Guerriers, qui pour LOUIS fignalez votre zele,
VILLARS n'aima jamais que l'Eftat & fon Roi,
Il s'en fit un honneur, un devoir, une loi,
Ne perdez point de vûe un fi parfait modele.

   * M. le Maréchal de VILLARS étoit Chef du Confeil de
Guerre.

Quel Roi plus digne encor de regner sur vos cœurs
Doit exciter en vous la généreuse envie
D'armer pour le servir ces bras toûjours vainqueurs.
Dont l'effo t fit trembler le Rhin & l'Italie !
Du siecle de L O U I S heureux restaurateur,
L O U I S, nouveau soleil, paroit sur l'hémisphére,
Avec tous les rayons de son prédecesseur
Et toutes les vertus de son auguste pere;
Equitable vengeur d'un téméraire affront
Que n'a point dû souffrir l'honneur du Diadême;
La Justice du Ciel semble ceindre elle-même
Les lauriers destinés a couronner son front.
Il est d'autres bienfaits, & qu'un bon Roi préfere
A toutes les faveurs qu'il tient des Immortels,
C'est un Sujet doüé des dons du Ministere,
Qui partage avec lui ses devoirs paternels,
Un Ministre éclairé, qui clément & sévere,
Soûtienne également le Throne & les Autels,
Qui soit tel que FLEURY, dont les soins éternels
Nous réprésentent moins un ministre qu'un pere.
Regne heureux & brillant ! Tu nous rends à la fois
Nos plus vaillans Guerriers, nos plus sages Mi-
        nistres,
Tu nous rends avec eux le plus grand de nos Rois,
France, tu ne crains plus d'évenemens sinistres!
Du plus hardi Soldat rivaux & compagnons,

Deux *Soldats* adoptés par le Dieu de la Thrace,
Héritiers des vertus & du fang des Bourbons
Signalent à l'envi leur zéle & leur audace.
Le vainqneur de Rocroi fécond en fuccefleurs,
C O N D E', qui pour le nom, la gloire & les hon-
neurs,
N'eut au-deffus de lui que les Dieux & fon Maître
L'intrépide C O N D E' vient encor de renaître.
Vous, qui formé d'un Sang & fi noble & fi beau,
Joignez à fa fplendeur la valeur la plus fiere,
Qui d'un fentier pour vous étranger & nouveau,
Trouvez, du premier pas, la route familiere,
CLERMONT, tous vos Ayeux Héros dès le berceau,
N'ont pas plus dignement commencé leur carriere
Pourfuivez, votre cœur eft fait pour les hazards;
Qu'avec vous & CONTY, déja plus redoutables
Nos Guerriers, fur vos pas, foient toûjours indom-
ptables
Vous devez cette gloire aux Mânes de VILLARS,
Ce Héros, qui, pliant fous le faix des années,
Eût crû voir au mépris les fiennes condamnées,
Et que de fes Lauriers il eût flérri l'éclat,
Si fon dernier foupir n'eût été pour l'Eftat.

COMPLIMENT AU ROI,

SUR LE RETABLISSEMENT DE SA SANTÉ.

Par M. CREBILLON, *Directeur de l'Académie.*

Le 17. Novembre 1744.

SIRE,

VOTRE MAJESTE' vient de voir dans nos transports & dans nos acclamations une image naïve de l'état déplorable, où la crainte de perdre un si digne Souverain, avoit réduit toute la France, & on ne lira point sans étonnement, que le plus aimable & le meilleur de tous les Rois nous ait coûté plus de larmes que les Tyrans n'en ont jamais fait répandre. L'admiration des Etrangers, & l'amour des peuples, eurent toujours des objets de la plus noble ambition : César lui-même se fut estimé trop heureux de pouvoir inspirer ces sentimens dans le cours d'une longue vie ; & VOTRE MAJESTE', qui les inspira dès l'enfance, qui les a justifiez chaque jour, nous en a fait une sorte de Religion dans le cours de six mois. Trop heureux les François, si VOTRE MAJESTE' plus ménagère d'une vie si précieuse, n'éprouvoit pas si souvent leur tendresse, & ne leur causoit pas des allarmes plus terribles pour eux que

la

la haine d'un ennemi, qui, grace à votre valeur, ne leur donne plus d'autre foin que celui de vous élever des Trophées ; puiſſe l'Académie Françoiſe, SIRE, après avoir partagé ſi vivement la douleur & la joie de tant de fidéles Sujets célébrer, au gré de ſes vœux, les vertus d'un ſi grand Maître.

K

VERS du même M. CREBILLON, *recitez au Roy après son Compliment.*

QUEL orage soudain s'éleve & m'environne !
L'épouvante & l'horreur régnent de toutes parts ?
Que de gémissemens ! L'air mugit, le Ciel tonne ;
Dieux ! Quels tristes objets s'offrent à mes regards !
Où suis-je ? Quoi, je touche à l'infernale rive !
François infortunez, y portez-vous vos pas ?
Qui vous améne en foule aux portes du trépas ?
J'entens parmi vos pleurs une bouche plaintive
Articuler des mots, qui me glacent d'effroi.
O déplorable sang ! O malheureuse Reine......
La Reine !.... Ah ! C'en est fait, notre mort est cer—
   taine.
La France va donc perdre & son Pere, & son Roi ?
François, le désespoir où votre ame se livre
Doit aller aussi loin que la rigueur du Sort,
Si LOUIS ne vit plus, il faut cesser de vivre ;
Pouvons-nous souhaiter une plus digne mort ?
ROI, notre unique bien, quoi ! La Parque perfide

Voudroit porter sur vous une main parricide !…
Mais quel bruit éclatant vient agiter les Airs !
Quel étrange lueur roule dans les ténèbres,
A travers tant d'objets terribles & funèbres,
Je vois quelque clarté pâlir dans les Enfers.
Est-ce le Dieu des Morts qui tient sa cour funeste ?
Mais non, ce qui paroît n'a rien que de céleste.
Et quel est donc le Dieu que je vois accourir ?
Il tend vers nous les bras, c'est pour nous secourir
Mille rayons brillans forment son Diadême :
Le Dieu des Morts n'a point ce port majestueux,
Cet air noble & touchant, ni ce front vertueux ;
C'est, je n'en doute plus, Louis le Grand lui-mê-
    me
Qui vient secher nos pleurs & calmer nos regrets.
Helas ! Il veille encor sur ses anciens Sujets !
Ce Roi, qui si long-tems a gouverné la terre,
Regne-t-il en des lieux inconnus au tonnerre !
On diroit qu'aux Enfers il va donner des loix ;
Voilà ses traits, ses yeux, je reconnois sa voix :
  ,, Fermez, dit-il, fermez la retraite des Ombres ;
  ,, Mon Fils n'entrera point dans les Royaumes
    sombres ;
  ,, S'il mourroit, que d'exploits seroient ensevelis.
  ,, Et qui pourra compter les exploits de mon Fils !
  ,, Entre César & moi le Ciel marque sa place :

,, Mais les Dieux feront lents à terminer fes jours,
,, Et fi la Gloire a droit d'en prolonger le cours,
,, Il n'eft point de Neftor que fon âge n'efface.
,, François vous reverrez ce Roi fi généreux,
,, Puiffent le voir auffi les fils de vos neveux.
Il dit, & tout-à-coup, les Enfers difparoiffent,
La mort fuit, le jour vient, & les François renaif-
        fent.

    MAIS quel éclat nouveau vient embellir ces lieux?
Pâffons-nous des Enfers dans le féjour des Dieux?
Quels feux étincelans brillent fur l'hémifphére?
Ah! Si c'étoit LOUIS.... Mais envain je l'efpere,
Il eft trop occupé de fes nobles travaux,
Il brave également la mort & le repos.
Queft-ce donc que je vois! C'eft un autre lui-mê-
        me,
La Gloire, je le juge à fa beauté fuprême;
C'eft elle en ce moment qui vient nous l'annoncer,
La Gloire prend toujours foin de le devancer.
Helas! Il eft donc vrai, nous allons voir paroître
Ce Héros le plus grand que le Ciel ait fait naître.
Venez, voyez, chantez l'aimable Souverain
Dont nous a fait prefent là faveur du Deftin.
O François! peuple heureux & fi digne de l'être,
Venez en rendre graces à votre augufte Maître,
C'eft lui, c'eft fa bonté qui vous rend tous heureux;

Qu'il foit après le Ciel, l'objet de tous vos vœux,
Qu'en vos Temples pour lui fans ceffe l'encens
     fume,
Que par le peuple épars le falpêtre s'allume,
Que le feu s'élançant par éclats dans les Cieux,
De leur reconnoiffance aille inftruire les Dieux.

REPONSE DE M. DE CREBILLON, *Directeur de l'Académie Françoise, aux Discours prononcez par M. L'Abbé Girard, & M. L'Abbé de Bernis.*

Le 29. Décembre 1744.

MONSIEUR,

Vous avez recherché avec empreſſement l'Académie, c'étoit faire ſon éloge ; elle vous reçoit, c'eſt faire le vôtre ; heureux, ſi en nous aſſociant des Hommes célébres qui nous ſont indiquez par les ſuffrages du Public, nous n'avions pas de ſi grandes pertes à déplorer : celle que

nous venons de faire dans la perſonne de votre illuſtre Prédéceſſeur, nous
coûtera des regrets éternels ; envain
nous retrouverons en vous ſes vertus & ſes talens, les mêmes charmes ne ſont pas la même perſonne,
& il eſt ſouvent plus aiſé d'être dé-
dommagez que conſolez ; d'ailleurs,
l'eſtime, l'amitié, & la reconnoiſ-
ſance perdroient trop de leurs plus
belles fonctions, ſi l'on pouvoit oublier les morts : un ſouvenir dura-
ble eſt le plus digne monument que
nous puiſſions ériger aux hommes
vertueux ; & que ne devons-nous
point à la mémoire de M. l'Abbé de
Rothelin ? Ce fut un des plus grands
Sujets que l'Académie ait jamais eu,
recommandable par ſa naiſſance ,
par ſon attachement à ſes devoirs ,
par ſes liaiſons, par ſes mœurs ; l'eſ-
prit orné, mais naturel, & qui ne
connut jamais d'autre art que celui

de dire son avis sans humilier celui des autres.

Critique sage, profond & poli, mais ferme lorsqu'il s'agissoit de sacrifier ces endroits défectueux que les Auteurs, soit dégoût, soit paresse ou vanité, si l'on veut, cherchent toujours à justifier. Ce seroit peu de dire qu'il aima les Lettres. il les partagea, & plusieurs d'entre ceux qui les cultivent, ne le désavoueront point pour protecteur, ni même pour bienfaicteur : magnifique, libéral, il ne lui manqua pour être un second Mecene que les trésors du Favori d'Auguste ; mais s'il ne les eût pas dans les mains, il les eut dans le cœur. L'air de dignité qui donne du relief aux plus grandes vertus, ou qui sert du moins à les faire respecter, la décence qui les décore, si elle ne les suppose pas toujours, regnoit dans les moindres

actions

actions de M. l'Abbé de Rothelin,
non comme des ornemens emprun-
tez pour parer les dehors, mais à
titre de qualitez perfonnelles, &
nées avec lui ; enfin il fit honneur à
fa naiffance, à fon état, & à l'Académie. Les louanges que je donne
à votre Prédéceffeur, MONSIEUR,
font d'autant moins fufpectes, que
je fuis peut-être de tous les Acadé-
miciens, celui qui ai le moins pro-
fité du bonheur de l'avoir pour Con-
frere.

Puifque nos ufages, MONSIEUR,
& la fatalité de mon miniftère, me
forcent, pour ainfi dire, de rendre
aujourd'hui les derniers devoirs au
mort que vous remplacez, & que
d'ailleurs il eft naturel d'entretenir de
nos pertes ceux que nous avons choi-
fis pour les réparer, je viens à M.
l'Abbé Gédoyn: fi le genre de vie qu'il
avoit embraffé ne lui permit point
de fe dévouer au fervice de l'Etat,

L 2

ainsi que ses Ancêtres, il n'en fut pas moins utile à sa Patrie, par le desir ardent qu'il avoit pour l'accroissement des Lettres auquel il contribua si long-tems par lui-même. Son assiduité parmi nous, son attachement pour la Compagnie, non-seulement nous le rendirent infiniment cher, mais lui avoient gagné toute notre confiance ; & nous regretterons toujours cette aimable franchise, avec laquelle il nous disoit si souvent & si bien nos véritez ; talent desirable dans la société, mais quelquefois dangereux, à moins qu'il ne soit soutenu par les qualitez qui brilloient dans M. l'Abbé Gédoyn, beaucoup de probité, beaucoup d'esprit, beaucoup d'érudition, & un grand usage du monde. Je ne dirai rien de ses Ouvrages, ce ne seroit qu'une répétition de ce que vous en avez dit ; & il seroit difficile de rien ajoûter au tour ingénieux que vous avez pris pour louer votre Prédécesseur. Votre génie a paru jusqu'ici tourner du côté de la Poësie ; mais vous avez généreusement sacrifié votre goût particulier à celui que M. l'Abbé Gédoyn avoit pour l'Histoire, en nous donnant vous - même celle du progrès des Lettres en France, & qui amenoit si naturellement l'éloge de notre Fondateur, éloge tant de fois entrepris, & avec si peu de succès, que l'on pourroit nous regarder moins comme ses Panégyristes, que comme un monument tacite de sa gloire.

Mais c'est le sort de ces mortels fameux que la vertu éléve au-dessus des autres hommes, de ne pouvoir être louez que par leur réputation. En vain les murs de ce Palais retentissent du nom DE LOUIS LE GRAND après beaucoup de louanges, & multipliées presqu'à l'infini ; qui de nous

pourra fe flatter de lui en avoir donné qui fuffent dignes de lui, & que
n'aurons-nous pas à craindre, fi nous
ofons célébrer les vertus de fon Suc-
ceffeur, de ce Roi l'objet de notre
admiration, mais trop fouvent le
douleureux objet de nos larmes, de
ce Pere aimable qui fait voir chaque jour avec tant d'éclat, & à la
gloire de la Nation, que l'amour
prodigieux des François pour leur
Souverain, n'eft pas un amour de
caprice? Avec quelles couleurs enfin
peindre un Héros que l'on vient de
voir jeune encore,& à peine échappé
au danger qui menaçoit fa vie, que
dis-je, prefque mourant, fe frayer
tout-à-coup un chemin des bords de
l'Acheron au faîte de la gloire. Ce
dernier trait paroîtra fans doute trop
poëtique dans un difcours en Pro-
fe; mais, MONSIEUR, en vous
adreffant la parole, il étoit bien
jufte de vous parler un moment votre langue maternelle.

COMPLIMENT
AU ROI,

*SUR LE GLORIEUX SUCCE'S
de sa Campagne, par Monsieur
DE CREBILLON, Directeur
de l'Académie Françoise.*

SIRE,

VOTRE MAJESTE', en se cou-
vrant d'une gloire nouvelle, n'a fait
que varier nos allarmes ; vous avez
voulu nous payer en Héros & en
Roi des sentimens d'amour que nous
vous devions si naturellement comme à notre Pere ; mais si nous vous

avons vû partir avec confiance pour
les succès, si la nouvelle d'une gran-
de victoire n'a point étonné vos peuples; enfin si vous nous avez accoutu-
mez sans peine à méprifer l'Ennemi,
quand vous allez combattre, j'ofe
aflûrer VOTRE MAJESTE' qu'Elle
n'accoutumera jamais les François à
lui voir hazarder fa Perfonne Sa-
crée; ce qu'on doit pardonner en
faveur d'une réputation à faire, paroît de trop quand la réputation eft
faite, dès qu'il nous faudra vous
craindre vous-même, & pâlir les
premiers à vos moindres mouve-
mens, nous ne vous verrons plus
partir fans murmurer; c'eft dans ces
occafions, SIRE, qu'il eft permis à
notre tendreffe de parler avec liberté. Hé! comment pourrions-nous
fans frémir nous rappeller qu'un pe-
tit coin de la terre inconnu jufqu'ici,
ait vû dans un même jour ce que
l'Univers a de plus grand, ce que

la France a de plus précieux, expo-
fé à des périls qui femblent n'être
faits que pour le Soldat : cependant
S I R E, quelques foient nos craintes,
vous n'entendrez point nos voix timides troubler le cours de vos con-
quêtes, ni vous demander la paix ;
non , S I R E, ne la donnez jamais à
l'Europe , cette paix tant defirée,
que vos ennemis ne foient hors d'é-
tat de la troubler ; qu'ils tombent
ces audacieux, & que leur défola-
tion apprenne à la terre effrayée
combien les forces d'un Roi de France font redoutables, fur-tout quand
la fageffe & la valeur du Monarque
font encore au-deffus de fa puiffance.
Mais, S I R E, ne pouvons-nous pas
nous flatter que V. M. qui vient d'ê-
tre le temoin de l'intrépidité de fes
troupes, comme elle en a été l'ame,
daignera du moins leur confier le
foin de fa vengeance, & qu'elle fe
contentera d'éclairer ces hommes

généreux & fidéles dont elle a tant
de fois éprouvé le courage & le zéle.
Victorieux, adoré, & digne de l'être,
il ne manque à V. M. qu'un peu d'a-
mour pour elle-même, pour une vie
glorieuse à laquelle la vie de tant de
milliers d'hommes est si tendrement
attachée.

F I N.